黄金比で作る！

倉橋利江

万能な味つけ

これこれ、この味！

おいしさの分岐点は味つけで決まる！

意外と知らない「味つけのコツ」
一発で味を決めるには？

「しょうゆ：酒：みりん＝１：１：１」などの
味つけの割合を覚えれば、
確かに料理の失敗は少なくなります。

でも、実はそれだけでは、
本当のおいしさにはたどり着けません。

煮つめすぎて味が濃くなったり、
汁けをとばし足りなくて味がぼやけたり、
お肉が思ったよりもかたかったり……

こんな失敗が本当によくあります。
思い通りの味に仕上げるためには、
「味つけ」について
ほんのちょっとのポイントを知ることが大切です。
味つけのタイミングや、たれの煮からめ方、
味がよく入るための下処理などです。

本書は、意外と知らない味つけのコツを丁寧にご紹介しています。
これさえ守れば、誰でも一発で味が決まるようになります。

ベストなおいしさを、
最速で引き出せるようになりましょう。

倉橋利江

最速でおいしさにたどり着く!
味つけのルール

意外と難しいのが「ちょうどいい味加減」。ここでご紹介する4つのコツをしっかり守ると、残念な失敗がなくなり、いつでもベストなおいしさを引き出せるようになります。

1. 煮つめる

- ☐ フライパンの中央にスペースをあけてたれを入れ、アルコールをとばす。
- ☐ 少しとろりとするまで待ってから、手早くからめる。
- ☐ 汁けが少なくなってきたらすぐに火を止める。

よくある失敗

煮つめ方が足りない

サラサラしたたれや煮汁がたくさん残っている状態。ここで火を止めてしまうと味が薄く、もの足りない仕上がりに。

煮つめすぎ

とろりとしてきてからも加熱を続けるとたれが完全になくなり、焦げついたり、味が濃くなったりします。

2. 加える順番を守る

砂糖＋酒

しょうゆ＋みりん

肉を加熱していく際、砂糖や酒を先に入れ、仕上げの段階でしょうゆやみりんを加えます。こうすると、食材にしっかりと甘みが入るうえ、やわらかな仕上がりになります。しょうゆのコクや香り、みりんの照りも引き立ちます。

酢＋砂糖＋塩＋こしょう

オリーブオイル

マリネソースは、酢に砂糖、塩、こしょうを完全に溶かしてからオリーブオイルを加えます。そして乳化してとろりと白っぽくなるまでしっかりと混ぜることがおいしさのポイントです。

よくある失敗

しょうゆやみりんを先に入れる

しょうゆを先に入れると砂糖の甘みが入りづらくなります。みりんを早く入れてしまうと食材がかたくなる場合があります。

油を先に混ぜる

オリーブオイルを一緒に入れてしまうと、砂糖、塩、こしょうが溶けづらくなり、味がぼやける原因になります。

3. 焼く・炒める

余分な脂を拭き取る

肉や魚、野菜を炒めたときに出てくる余分な脂や水分は、合わせ調味料を加える前にキッチンペーパーなどでしっかりと拭き取ります。臭みが取れるうえ、味がストンと決まります。

風味づけは最後に

バターを味つけに使うときは、必ず仕上げに入れます。最初からバターで炒めてしまうと、風味が失われてしまいます。

よくある失敗

脂や水分で味がぼやける

食材から出てきた余分な脂や水分が残った状態で調味料を加えてしまうと、味がぼやけたり、煮つめるのに時間がかかって食材の食感が悪くなったりしてしまいます。

4. 下処理をする

切り込みを入れてたたく

食材にしっかりと味がしみ込むだけではなく、加熱時間が短くなるので、火を通しすぎて味が濃くなったり、食材がかたくなったりするのを防げます。

粉でコーティングする

調味料がからみやすくなるほか、薄力粉や片栗粉がうまみを閉じ込めてくれ、ふっくらとやわらかな食感に仕上がります。

塩をふっておく

塩は下味をつけるだけでなく、塩をふってしばらく置いておくことで余分な水分や臭みを取り除く効果も。たれもなじみやすくなります。

肉を常温にもどしておく

厚切り肉やかたまり肉は調理する30分ほど前に冷蔵庫から出しておきます。生焼けを防ぎ、短時間の加熱で食材をやわらかく仕上げます。

基本の調味料と
さしすせその選び方

「さしすせそ」だけでも実にたくさんの種類が出回っています。あれこれそろえずに済んで、本当に使いやすい調味料は？

 砂糖

いろいろな料理にもっとも使いやすいのが上白糖です。これ1つですべて対応できます。もし使い分けるなら、さとうきび糖はコクがあってしょうゆとの相性もよいため、お好みで照り焼きや煮ものに。てんさい糖はオリゴ糖が含まれているため、腸内環境が気になる人におすすめです。

 塩

海水を煮つめて結晶化させた天然塩は、ミネラルを多く含み、まろやかなうまみがあります。結晶が細かなものの方が早く溶けるので使いやすいです。塩は粒の大きさによって塩分量が違うので、自宅にある精製塩（食卓塩、食塩）を使う場合は、レシピに記載された分量より控えめにしてください。

 酢

スッキリとした味わいの「穀物酢」よりは、酸味がまろやかで食材のおいしさを引き立てる「米酢」が家庭料理には使いやすいかもしれません。「黒酢」はコクが強くて独特の甘みと香りがあり、中華の味つけに使うと一気にお店の味に。「りんご酢」はフルーティーな酸味が特徴で、魚介のマリネやサラダ向き。

 しょうゆ

薄口、濃口、たまりじょうゆなどがありますが、一般的な濃口しょうゆが汎用性が高いです。未開封なら冷暗所で、開封したら酸化しやすく風味も落ちるので必ず冷蔵庫で保存を。購入するときは1か月程度で使いきれる量がおすすめです。高価なしょうゆだからといって、日持ちする日数は変わりません。フレッシュさを重視しましょう。

 みそ

迷ったら、大豆と米麹で作る「米みそ」で、味と香りのバランスがいい信州みそがおすすめ。米麹の量が多くなると赤みそに、少なくなると甘みのある白みそになります。甘みが控えめでコクのある「豆みそ」や甘くて香ばしい「麦みそ」など、お好みで選んでも。2種類のみそを混ぜて使うと味わいがアップします。

その他の基本調味料

- **みりん**……塩分や甘味料が含まれる「みりん風調味料」ではなく、「本みりん」がおすすめです。アルコール効果によって食材の臭みが消え、煮くずれを防止できます。
- **酒**……塩分や酸味料が添加されている料理酒ではなく、価格は安くてもいいので清酒を用意してください（本書の塩分量などは清酒を前提にして割り出しています）。
- **油**……サラダ油、ごま油、オリーブオイル、バターを用意しましょう。

本当に使える！優秀な万能調味料

さまざまな食材のうまみが濃縮された万能調味料は、味の柱になります。万能調味料同士を組み合わせると、うまみの相乗効果も！

マヨネーズ
あえもの以外にも揚げものの下味や炒めものにも使えます。しょうゆやみそ、トマトケチャップ、オイスターソースなどとの相性も◎。

トマトケチャップ
定番のトマト味以外にも、クリーミーなマヨネーズを加えればオーロラソースとしても使えます。牛乳を少しプラスすればまろやかな味つけに。

カレー粉
しょうゆ、みりんと合わせれば和風に、顆粒コンソメスープの素やウスターソースなどと合わせれば洋風に早変わりする万能ぶり。

ポン酢しょうゆ
食欲をそそるさっぱり味ですが、こってり系の調味料とも相性がよく、バター＆ポン酢やマヨネーズ＆ポン酢はクセになる味わい。

ウスターソース／中濃ソース
ウスターソースはサラリとしてややキレのある味わい、中濃ソースは少しとろみがあり、ウスターソースより甘みを感じられます。

顆粒コンソメスープの素
煮込んだ牛肉や鶏肉、野菜のエキスが凝縮された顆粒タイプの調味料。洋風料理のベースとしてはもちろん、しょうゆとの相性もよし。

オイスターソース
かきエキスのコク深いうまみが感じられるソースで、中華の枠を超えて幅広い料理の味つけに活用できます。コク出しの隠し味にも。

鶏ガラスープの素
煮出した鶏肉とガラ、野菜などのエキスを粉末状にした調味料。マヨネーズとも好相性なので、から揚げや炒めものの味つけにぜひ。

Contents

意外と知らない「味つけのコツ」
一発で味を決めるには？ 2

最速でおいしさにたどり着く！
味つけのルール 4

基本の調味料と
さしすせその選び方 8

本当に使える！
優秀な万能調味料 9

この本の使い方 16

Part 1 和の味つけ

万能しょうゆだれ

豚のやわらかしょうが焼き 18
ポークステーキ
和風ガーリックソース 20
牛肉とささがきごぼうのさっと煮 21
鶏ももと長ねぎの
バターじょうゆ炒め 22
鮭の超しっとり漬け焼き 23
ベーコンときのこの
炊き込みごはん 24
オクラのだし漬け 25
厚揚げとチンゲン菜の煮びたし 25

濃厚甘辛だれ

シンプル・焼き肉じゃが 26
豚バラと厚揚げ、玉ねぎで肉豆腐 28
かれいの煮つけ 29
とろとろ親子丼 30
牛肉ときのこのしぐれ煮 31
さば缶と小松菜の甘辛煮 32
なすとじゃこのきんぴら 33
ピーマンとちくわのきんぴら 33

照り焼きだれ

ビッグ照り焼きつくね 34
おうち焼き鳥 36
かじきとミニトマトの照り焼き炒め 37
ブロッコリーの照り焼き肉巻き 38
豚バラと大根の甘辛煮 39
照り玉丼 40
手羽中と長ねぎの梅入り甘辛煮 41

マヨしょうゆだれ

鶏肉のマヨしょうゆから揚げ 42
豚こまとピーマンの
マヨしょうゆ炒め 44
マヨしょうゆ焼きうどん 45
ゆで卵のマヨしょうゆ漬け 45

コクうましょうゆだれ

手羽先のコクうましょうゆ漬け焼き **46**
豚こまと長いもの
コクうましょうゆ炒め **48**
ぶりのしょうゆ漬け焼き **49**
焼き玉ねぎのしょうゆ漬け **49**

カレーじょうゆだれ

手羽元とうずら卵の
カレーじょうゆ煮 **50**
鶏肉と玉ねぎのカレーうどん **52**
塩さばと長ねぎの
カレーじょうゆ炒め **53**

甘酢だれ

鮭とトマトの南蛮漬け **54**
鶏むねと長ねぎの南蛮漬け **56**
豚こまとパプリカの甘酢炒め **57**
野菜の揚げびたし **58**
ツナとコーンの和風春雨サラダ **58**
ミニトマトとオクラの甘酢あえ **59**
キャベツの甘酢あえ **59**

みそマヨだれ

豚肉のみそマヨ漬け焼き **60**
鮭のみそマヨ焼き **62**
ささみとアスパラのみそマヨ炒め **63**
厚揚げのみそマヨねぎ焼き **64**
ブロッコリーのみそマヨ白あえ **65**
ミックスきのこのみそマヨあえ **65**

甘辛みそだれ

鶏ももとなすの甘辛みそ炒め **66**
豚こまとキャベツの
みそしょうが炒め **68**
青じそ入り焼きみそおにぎり **69**

マヨポン酢だれ

えびとブロッコリーのマヨポン炒め **70**
鶏むねのマヨポンごま照り焼き **72**
ぶりとしめじのピリ辛マヨポン炒め **73**
サーモンとアボカドのマヨポン丼 **74**
生小松菜とツナのマヨポンサラダ **75**
お刺身マヨポンサラダ **75**

バタポンだれ

豚バラとなすの
ガーリックバタポン炒め **76**
生ハムとマッシュルームの
バタポンパスタ **78**
手羽中のバタポン焼き **79**
鮭と長いものバタポンソテー **80**
かぶとベーコンのバタポン蒸し **81**

極上ポン酢だれ

鶏もものポン酢煮 **82**
牛肉と玉ねぎのポン酢炒め **84**
たらと豆苗のポン酢蒸し **85**
なすとツナのポン酢あえ **85**

Column 1
手作りつゆ3種

天つゆ　86
つけつゆ　86
かけつゆ　86
かつおと昆布のだし汁　86

Part 2 洋の味つけ

濃厚ケチャップソース

厚切り肉でポークチャップ　88
手羽中のケチャップ煮　90
コンビーフオムレツ
ケチャップソース　91
大豆とウインナーの
ケチャップ炒め　91

ケチャマヨソース（オーロラソース）

鶏むねとまいたけの
ケチャマヨ炒め　92
えびのケチャマヨあえ　94
れんこんのケチャマヨあえ　95
ゆで卵とブロッコリーの
ケチャマヨサラダ　95

ホワイトソース

えびときのこのマカロニグラタン　96
チキンとかぼちゃのグラタン　98
ケチャップライスの
シーフードドリア　99
サーモンとアスパラの
クリームパスタ　100
冷凍ポテトとベーコンのグラタン　100
チキンソテー
きのこみそクリームソース　101

塩バターだれ

鶏ひきとじゃがいもの塩バター煮　102
豚肉とキャベツの塩バター炒め　104
長いもの青のり塩バター炒め　105
緑野菜のホットサラダ　105

カルパッチョソース

たいと生ハムのカルパッチョ　106
サーモンのレモンカルパッチョ　108
レンジなすのカルパッチョ　108
トマトとアボカドのチーズマリネ　109
たことじゃがいものバジルマリネ　109

粒マスタードマヨソース

鶏むねのソテー
粒マスタードマヨソース　110
えびと卵の粒マスタードマヨ炒め　112
大人のマカロニサラダ　113
鮭の粒マスタードマヨがらめ　113

粒マスタードじょうゆソース

かじきのステーキプレート
粒マスタードじょうゆソース　114
手羽元の粒マスタード
じょうゆ漬け焼き　116
牛肉とブロッコリーの
粒マスタードじょうゆ炒め　117

塩麹オイルソース

塩麹ローストポーク　118
塩麹サラダチキン　120
豆腐の塩麹オイル漬け　121
ほたてとミニトマトのタルタル　121

コンソメじょうゆソース

しいたけのコンソメじょうゆパスタ　122
手羽中のガーリックコンソメ焼き　124
長いもとベーコンのコンソメじょうゆ炒め　125
ツナと玉ねぎの炊き込みごはん　125

なつかしカレーソース

シーフードミックスの炒めカレーピラフ　126
豚肉とオクラのカレーソース炒め　128
ひき肉とじゃがいものカレー炒め煮　129
ズッキーニのカレーソース炒め　129

カレーバターソース

食べるカレーミルクスープ　130
豚バラとピーマンのカレーバター炒め　132
カリフラワーのカレーバター煮　133
もやしの無限カレーバター炒め　133

Column 2
万能なたれ&ソース

万能ねぎだれ　134
トマトみそだれ　134
おろしレモンだれ　134
青じそ中華だれ　134
デミ風ソース　134
チーズソース　134
タルタルソース　135
ガーリックオイルソース　135
しょうがうま塩オイルだれ　135
ザーサイねぎだれ　135
パプリカアンチョビソース　135
いかの塩辛の
バーニャカウダソース　135

Column 3
食べるディップ

アボカド塩昆布ディップ　136
コンビーフのクリチーディップ　136
たらもディップ　136
なすのタプナード風ディップ　136
サーモンヨーグルトディップ　137
ツナマヨカレーディップ　137
刻みきのこのディップ　137
ひよこ豆のディップ　137

Column 4
ごはんのお供

食べるラー油　138
おかかのり玉　138
ねぎみそ　138
カリカリ甘辛じゃこ　138

Part 3 中華・エスニックの味つけ

オイスターしょうゆだれ
牛肉とアスパラのオイスター炒め　140
豚こまと赤パプリカの
チンジャオロースー　142
かきとチンゲン菜の
オイスター炒め　143
卵とウインナーの
キムチオイスター炒め　144
厚揚げとしいたけのオイスター煮　145
ねぎたっぷり油そば　145

オイスターマヨだれ
鶏むねのオイマヨだれまみれ
レタス添え　146
えびとスナップえんどうの
ピリ辛オイマヨ炒め　148
大根とかにかまのオイマヨサラダ　149
ブロッコリーとコーンの
オイマヨサラダ　149

プルコギだれ
牛肉と玉ねぎ、にらのプルコギ　150
豚ひきのカラフルビビンバ　152
サラダチキンのプルコギトースト　153

うま塩ナムルだれ
豚しゃぶともやしのおかずナムル　154
ピーマンとパプリカの
うま塩ナムル　156
焼ききのこのうま塩ピリ辛ナムル　156
春菊のうま塩ナムル　156

麻婆だれ
麻婆なす丼　158
麻婆トマト　160
豚しゃぶとにらの麻婆豆乳鍋　161

酢豚だれ
肉だけ黒酢酢豚　162
さわらとパプリカの
中華風甘酢あんかけ　164
豚こまの揚げ焼き
黒酢だれまみれ　165
手羽先の黒酢煮　166
中華風味つけ卵　167
さつまいもの甘酢炒め　167

中華風ピリ辛だれ
ささみのスティックから揚げ
ピリ辛だれまみれ　168
鮭の油淋鶏風　170
たいとかいわれ菜の
中華風ピリ辛サラダ　171
サラダチキンとアボカドの
中華風ピリ辛あえ　171

中華風ごま酢だれ

ゆでワンタンの
中華風ごま酢だれがけ **172**
よだれ鶏の
中華風ごま酢だれがけ **174**
たこの中華風ごまよごし **175**
にんじんの
中華風ごま酢だれあえ **175**

鶏ガラマヨだれ

かじきの中華風塩から揚げ **176**
鶏むねの中華風塩から揚げ **178**
豚こまとトマトの鶏ガラマヨ炒め **179**
魚介とアスパラの鶏ガラマヨ炒め **179**

韓国風うま辛だれ

まぐろのユッケ丼 **180**
いか刺しのチャンジャ風 **182**
豆腐のザーサイうま辛だれがけ **182**
クリームチーズと
小ねぎのうま辛あえ **182**

エスニックだれ

豚ひきとピーマンのガパオライス **184**
鶏ももとなすのエスニック炒め **186**
チキンと長ねぎの
エスニックスープ **187**
豚肉ともやしのタイ風焼きそば **187**

食材別さくいん **188**

この本の決まりごと

＊分量は基本、2～3人分、または作りやすい分量になります。日持ちがするおかずは保存期間を記載しています。

＊しょうゆは濃口しょうゆ、塩は天然塩、砂糖は上白糖、酒は塩分などが添加されている料理酒ではなく清酒、みりんはみりん風調味料ではなく本みりん、酢は米酢、みそは信州みそ、オリーブオイルはエクストラバージンオイル、バターは有塩バター、マヨネーズはカロリーハーフなどではない普通タイプ、塩麹は大さじ1あたりの塩分量が1.4gのタイプ、豆乳は加糖していない無調整タイプを使用しています。

＊みそは大さじ1で約18g、マヨネーズは大さじ1で約12g、ポン酢しょうゆは大さじ1で約18g、バターは大さじ1で約12gです。

＊大さじ1は15mℓ、小さじ1は5mℓ、1カップは200mℓです。「ひとつまみ」は親指、人さし指、中指の3本でつまんだ分量で小さじ1/6～1/5程度、「少々」は親指、人さし指の2本でつまんだ分量で小さじ1/6未満です。

＊計量スプーンで量るとき、しょうゆなどの液体は、こぼれるぎりぎりまで注ぎます。砂糖などの粉末は、いったん山盛りにすくってからスプーンの柄などで表面を軽くならしてすりきりにします。このとき、押しつけたりしないように注意。マヨネーズなどのペースト状の調味料は、計量スプーンですき間なく入れてからすりきりにします。スプーンにできるだけ調味料が残らないように小さなへらでかき出してください。

＊はちみつは1歳未満の乳児が食べた場合、乳児ボツリヌス症にかかる場合があるので与えないでください。

＊だし汁は昆布、かつお節、煮干しなどでとったものです。市販のインスタントだしを表示に従って溶かしたものやだしパックでも代用できます。

＊特に記載がない場合、野菜は、洗う、皮をむく、へたや種を取り除くなどの下処理を済ませた後の手順で説明しています。

＊特に記載がない場合、塩ゆでする、水にさらす、冷水にとるなどの工程に使用する水や塩は分量外です。

＊特に指定がない場合、直径26cmのフライパンで、フッ素樹脂加工のものを使用しています。

＊電子レンジは600Wで設定しています。500Wの場合は1.2倍、700Wの場合は0.8倍に換算して加熱してください。

＊オーブントースターは1000Wのものを使用しています。

＊電子レンジ、オーブントースター、炊飯器は機種によって加熱具合が異なりますので、様子をみながら調理してください。

＊火加減で特に記載がない場合は中火ですが、様子をみながら調整してください。

＊保存期間はあくまでも目安です。表示の日数以内でもなるべく早めに食べきるようにしてください。料理を保存する際はしっかり冷まし、乾いた箸やスプーンなどを使って、清潔な保存袋または保存容器に入れてください。

＊作り方に「お好みで」と表記しているものは、完成の料理写真には入れていますが、材料欄に記載していません。

この本の使い方

たれ&ソースの説明文
たれ&ソースの特徴や使い方などを記載しています。

たれ&ソースの名前と味つけの割合
たれ&ソースの名前と、使用する調味料の割合がパッとわかるように数値で示しています。この黄金比をぜひ覚えてください。

保存期間の目安
日持ちするおかずの場合、保存期間を明記しています。

ベストのおいしさを引き出すコツ
味つけをするタイミング、味がよく入るための食材の下処理など、ベストのおいしさを最速で引き出すためのポイントを写真付きで説明しています。

色付きのアンダーライン
たれ&ソースに使用する調味料と分量、作り方で特にポイントになる工程は、色付きのアンダーラインで強調しています。

調理器具や調理法のアイコン
各レシピに調理器具と調理法がひと目でわかる下記のようなアイコンがついています。メニューを決める際に役立ててください。

16

Part 1

和の味つけ

しょうゆ、酒、みりん、酢、砂糖、みそなどの基本の調味料を使った定番の和の味つけから、ポン酢しょうゆ、マヨネーズ、バターを組み合わせた今っぽい和の味つけまでご紹介します。1つの割合を覚えれば、同じ味つけでも食材や調理法を変えることで、いろいろな料理が楽しめます。

和の味つけ

万能しょうゆだれ

 :  :

1 しょうゆ : **1** 酒 : **1** みりん

シンプルな和の王道しょうゆ味。砂糖を加えていないので少しスッキリとした、飽きのこない味わいです。とろりとするまでしっかり煮からめたり、だし汁と一緒にさっと煮つめたりすれば、安定の味つけが完成します。

たれがとろりとしてきたらからめて！
豚のやわらかしょうが焼き

材料（2人分）

豚肩ロースしゃぶしゃぶ用肉
　……250g
玉ねぎ……½個
薄力粉……適量
サラダ油……大さじ1
A しょうゆ……大さじ2
　　酒……大さじ2
　　みりん……大さじ2
　　しょうが（すりおろし）
　　……1かけ
キャベツ（せん切り）、
　ミニトマト……各適量

作り方

1 玉ねぎは1cm幅のくし形切りにする。バットに豚肉を広げ、薄力粉を薄く全体にまぶす。**A**は混ぜ合わせておく。

2 フライパンにサラダ油を中火で熱し、**1**の玉ねぎを炒める。玉ねぎが透き通ってきたらフライパンの端に寄せ、豚肉を入れて焼く。

3 豚肉の色が変わったら余分な脂を拭き取る。フライパンの中央をあけ、**A**を加えて強めの中火にする。泡が立ち、少しとろりとして照りが出てきたら、フライパンをゆすりながら全体にからめる。

4 器に**3**を盛り、キャベツ、ミニトマトを添える。

味つけは
これでバッチリ！

これで決まる！

フライパンの中央をあけたら合わせ調味料を加え、火を強めて煮つめていきます。とろりとするまで待ってから手早く具材にからめます。

絶対にかたくならないコツを教えます！
ポークステーキ和風ガーリックソース

材料（2人分）

豚ロースとんかつ用肉 …… 大2枚（280g）
小松菜 …… ½把（100g）
にんにく（横薄切り）…… 2かけ
塩、粗びき黒こしょう、薄力粉 …… 各適量
サラダ油 …… 大さじ1と½
A ┃ しょうゆ …… 大さじ2
　┃ 酒 …… 大さじ2
　┃ みりん …… 大さじ2

作り方

1. 豚肉は焼く30分前に冷蔵庫から出す。小松菜は5cm長さに切る。豚肉の脂肪から赤身に向かって4〜5か所切り込みを入れ、軽く塩、粗びき黒こしょうをふり、薄力粉を薄くまぶす。Aは混ぜ合わせておく。

2. フライパンにサラダ油大さじ1/2を中火で熱し、1の小松菜を入れ、ときどきヘラで押さえながら焼きつけ、塩少々をふって取り出す。

3. 2のフライパンに残りのサラダ油、にんにくを中火で熱し、全体に焼き色がついたら取り出す。

4. 3に1の豚肉を入れ、盛りつけるとき上になるほうを下にして入れ、3〜4分焼く。焼き色がついたら上下を返し、弱めの中火で2〜3分焼き、器に盛る。

5. 4のフライパンの油を少しだけ残し、Aを加える。混ぜながら強めの中火にかけ、とろりとしてきたら火を止めて4の豚肉にかける。3のにんにくをちらし、2の小松菜を添える。

これで決まる！

豚肉は脂肪から赤身に向かって包丁で4〜5か所切り込みを入れます。こうすれば、分厚い肉でも火の通りが早く、焼き縮みを防げるうえ、たれもよくからみます。

万能しょうゆだれ
1 : 1 : 1
しょうゆ　酒　みりん

ごぼうのおいしさを極めます
牛肉とささがきごぼうのさっと煮

 煮る

材料（2人分）

牛切り落とし肉 …… 200g
ごぼう …… 1本(180g)
ごま油 …… 小さじ2
A ┃ だし汁 …… 1カップ(200mℓ)
　 ┃ しょうゆ …… 大さじ2と½
　 ┃ 酒 …… 大さじ2と½
　 ┃ みりん …… 大さじ2と½

作り方

1. ごぼうは軽く皮をこそげ、太めのささがきにし、水にさらして水けをきる。牛肉は大きければ食べやすい大きさに切る。

2. フライパンにごま油を中火で熱し、1のごぼうを炒め、少ししんなりしたらAを加えて煮る。

3. 煮立ったら牛肉を加え、アクが出てきたら取り除く。落としぶたをして弱めの中火で5〜6分蒸し煮にする。

和の味つけ

みんなが笑顔になる万能おかず
鶏ももと長ねぎのバターじょうゆ炒め

材料 (2人分)

鶏もも肉 …… 1枚(300g)
長ねぎ …… 2/3本
塩、こしょう、薄力粉 …… 各適量
サラダ油 …… 大さじ1
A│ しょうゆ …… 大さじ1
 │ 酒 …… 大さじ1
 │ みりん …… 大さじ1
バター …… 10g

作り方

1. 長ねぎは竹串で全体を刺して穴をあけ、2cm幅に切る。鶏肉は余分な脂肪と筋を取ってひと口大に切り、軽く塩、こしょうをふり、薄力粉を薄くまぶす。Aは混ぜ合わせておく。

2. フライパンにサラダ油を中火で熱し、1の鶏肉を皮目から入れ、3分ほど焼く。焼き色がついたら裏返し、鶏肉の横に長ねぎを入れて同時に転がしながら2〜3分焼く。

3. 2にA、バターを加え、とろりと煮立ってきたら手早く全体にからめる。

万能しょうゆだれ
1 : 1 : 1
しょうゆ　酒　みりん

これで決まる！

鮭はたれに漬ける前に塩をふり、10分おきます。こうすると余分な水分や臭みが抜けて、たれがしみ込みやすくなります。

「追いたれ」でプロの味！
鮭の超しっとり漬け焼き

`漬ける`

材料（2人分）

- 生鮭 …… 2切れ
- **A** しょうゆ …… 大さじ2
  - 酒 …… 大さじ2
  - みりん …… 大さじ2

作り方

1. 鮭は塩少々（分量外）を全体にふって10分おき、余分な水けを拭く。

2. ジッパー付き保存袋に**A**を入れてもみ混ぜる。**1**を加えてなじませ、袋の口を閉じて冷蔵庫で半日〜ひと晩おく。

3. オーブントースターの天板にくっつきにくいタイプのアルミホイルを敷き、薄く油（分量外）を塗る。**1**の鮭のたれを軽くきって並べ、8〜10分焼く。焼き上がる2分ほど前に残ったたれを2〜3回塗って焼く（途中焦げそうな場合は、アルミホイルをかぶせる）。器に盛り、お好みでかいわれ菜を添える。

和の味つけ

たどり着いたシンプルなおいしさ
ベーコンときのこの炊き込みごはん 炊く

材料（作りやすい分量）

白米 …… 2合
ブロックベーコン …… 120g
エリンギ …… 2本(100g)
しめじ …… 1パック(100g)
A／しょうゆ …… 大さじ2と½
　　酒 …… 大さじ2と½
　　みりん …… 大さじ2と½

作り方

1. 米はといで炊飯器に入れ、2合の目盛りまで水（分量外）を注ぐ。30分吸水させ、大さじ6の水を捨てる。

2. しめじは石づきを取り、小房に分ける。エリンギは縦半分に切ってから縦薄切りにする。ベーコンは7mm角の拍子木切りにする。

3. 1にAを加えてよく混ぜる。2のベーコン、きのこ類をのせ、普通モードで炊く。炊けたらさっくりと混ぜる。

大量に作ってもすぐなくなる
オクラのだし漬け

漬ける

万能しょうゆだれ

1 : 1 : 1
しょうゆ 酒 みりん

冷蔵
2〜3日

材料（作りやすい分量）

オクラ …… 12本
A だし汁 …… 1カップ（200mℓ）
　しょうゆ …… 大さじ1と½
　酒 …… 大さじ1と½
　みりん …… 大さじ1と½
かつお節 …… 小1パック（2g）

作り方

1 鍋にAを入れて煮立て、冷ましておく。

2 オクラはがくをぐるりとむいて塩小さじ1（分量外）をまぶし、両手でこすり合わせる。沸騰した湯で1分〜1分30秒ゆで、冷水にさらして水けをきる。

3 1に2を加えて5分ほどなじませる。器に盛り、かつお節をかける。

何も考えずに作れちゃう
厚揚げとチンゲン菜の煮びたし

煮る

材料（2人分）

チンゲン菜 …… 2株
厚揚げ …… 小1枚（150g）
A だし汁 …… 1カップ（200mℓ）
　しょうゆ …… 大さじ1と½
　酒 …… 大さじ1と½
　みりん …… 大さじ1と½

作り方

1 チンゲン菜は軸と葉に分ける。軸は縦3〜4等分に切り、葉はざく切りにする。厚揚げは縦半分に切ってから1cm幅に切る。

2 鍋にAを入れて中火にかけ、煮立ったら厚揚げとチンゲン菜の軸を加え、落としぶたをして1〜2分煮る。チンゲン菜の葉を加え、同様に落としぶたをして2〜3分煮る。

和の味つけ

濃厚甘辛だれ

2 : 2 : 1 : 1
しょうゆ　みりん　酒　砂糖

こってりとした甘さが特徴の定番しょうゆ味。肉じゃがや魚の煮つけなど、濃厚な味わいに仕上がります。少し時間がかかる煮ものは、酒、砂糖を先に入れ、しょうゆとみりんは仕上げに加えるとお肉がやわらかくなります。

みりんとしょうゆは後入れがおいしい
シンプル・焼き肉じゃが

煮る

材料（2〜3人分）

牛切り落とし肉 …… 200g
じゃがいも …… 3個
サラダ油 …… 大さじ1
A｜酒 …… 大さじ1と1/2
　｜砂糖 …… 大さじ1と1/2
だし汁 …… 3/4カップ（150ml）
B｜しょうゆ …… 大さじ3
　｜みりん …… 大さじ3

作り方

1. じゃがいもは1cm厚さの輪切りにし、さっと洗って水けをきる。牛肉は大きければ食べやすい大きさに切る。

2. フライパンにサラダ油を中火で熱し、1のじゃがいもを入れて両面を3〜4分焼く。焼き色がついたら牛肉を加えて炒める。

3. 肉の色が変わったらAを加えて炒める。全体に調味料がなじんだらだし汁を加え、煮立ったら湿らせたペーパータオルをのせ、弱めの中火で6〜7分煮る。Bを加えて2〜3分煮て、仕上げに火を強めて1分ほど煮からめる。

肉とじゃがいもだけ！
具だくさんでなくていい！

これで決まる！

しょうゆを最初に入れると砂糖の甘みが入りづらくなります。みりんも先に加えると肉がかたくなってしまうので、後入れにするのが正解です。

和の味つけ

ジューシーな組み合わせ♡
豚バラと厚揚げ、玉ねぎで肉豆腐

材料（2〜3人分）

豚バラ薄切り肉 …… 200g
厚揚げ …… 小2枚（300g）
玉ねぎ …… 1個
A | だし汁 …… 1と¼カップ（250㎖）
　| 砂糖 …… 大さじ1と½
　| 酒 …… 大さじ1と½
B | しょうゆ …… 大さじ3
　| みりん …… 大さじ3

作り方

1. 玉ねぎは1.5cm幅のくし形切りにする。厚揚げは1枚を6等分に切る。豚肉は4cm幅に切る。

2. 鍋にAを入れて混ぜ、1も入れる。中火にかけて煮立ったら、落としぶたをして弱めの中火で8〜10分煮る。Bを加えて2〜3分煮る。

濃厚甘辛だれ

2 : 2 : 1 : 1
しょうゆ みりん 酒 砂糖

定期的に帰りたくなる味！

かれいの煮つけ

煮る

材料（2人分）

かれい …… 2切れ
しょうが（薄切り）…… 1かけ
A | 水 …… 1カップ（200mℓ）
　　砂糖 …… 大さじ1と½
　　酒 …… 大さじ1と½
　　しょうゆ …… 大さじ3
　　みりん …… 大さじ3
白髪ねぎ …… 適量

作り方

1 かれいはうろこやぬめりなどを洗って落とし、水けを拭く。皮目を上にして置き、身の厚い部分に縦に浅い切り込みを1本入れる。

2 直径22cmのフライパンにAを合わせて混ぜ、しょうがを入れる。強めの中火にかけて煮立ったら1を入れ、スプーンで煮汁を数回まわしかけながら煮る。

3 弱火にして落としぶたをし、8〜10分煮る。ふたを取り、火を強めてスプーンで煮汁をまわしかけながら2〜3分煮て、器に盛る。フライパンに残った煮汁はとろりとするまで煮つめ、かれいにかけ、白髪ねぎをのせる。

29

和の味つけ

これで決まる！

とろとろに仕上げるために卵を混ぜすぎないこと。さらに取っておいた卵黄を仕上げにかけると舌触りがなめらかに！

溶き卵は2回に分けて投入！
とろとろ親子丼

煮る

材料（2人分）

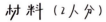

鶏もも肉 …… 小1枚（250g）
玉ねぎ …… ½個
卵 …… 4個
温かいごはん …… 400g
焼きのり …… 適量
A ┃ だし汁 …… ½カップ（100mℓ）
　┃ 砂糖 …… 大さじ1
　┃ 酒 …… 大さじ1
　┃ しょうゆ …… 大さじ2
　┃ みりん …… 大さじ2

作り方

1 玉ねぎは縦薄切りにする。鶏肉は余分な脂肪と筋を取り、小さめのひと口大に切る。

2 ボウルに卵を割り入れ、卵黄1個分を取り出してとっておく。残りの卵は5～6回ざっと混ぜておく。

3 フライパンに**A**を入れて混ぜて中火にかける。煮立ったら玉ねぎ、鶏肉を入れてときどき返しながら4～5分煮る。*2*の卵液の半量をまわし入れ、すぐにふたをして弱火で1分煮る。ふたを取り、残りの卵液を加えて30秒煮る。

4 丼にごはんをよそってちぎった焼きのりをちらす。*3*を盛り、とっておいた卵黄をスプーンで混ぜてからまわしかける。

濃厚甘辛だれ

2 : 2 : 1 : 1
しょうゆ　みりん　酒　砂糖

砂糖で炒めるとお肉がやわらか!
牛肉ときのこのしぐれ煮

煮る

材料（2人分）

牛切り落とし肉 …… 250g
しいたけ …… 4個
えのきたけ …… 1パック(100g)
しょうが（せん切り）…… 1かけ
サラダ油 …… 大さじ½
砂糖 …… 大さじ1
A｜酒 …… 大さじ1
　｜しょうゆ …… 大さじ2
　｜みりん …… 大さじ2

作り方

1. しいたけは石づきを取り、縦5〜6等分に切る。えのきたけは根元を切り落とし、長さを半分に切る。牛肉は大きければ食べやすい大きさに切る。

2. フライパンにサラダ油を中火で熱し、しょうがを炒める。香りが出てきたら牛肉を加え、砂糖を加えてからめながら炒める。

3. 2にきのこ類を加えて炒める。しんなりしてきたらAを順に加え、弱めの中火にして汁けがなくなるまで炒め煮にする。

和の味つけ

さっと煮るだけで満足の味わい
さば缶と小松菜の甘辛煮

材料（2人分）

さば水煮缶 …… 1缶(180g)
小松菜 …… 1把(200g)
しょうが(すりおろし) …… ½かけ
A 水 …… ½カップ(100mℓ)
　砂糖 …… 大さじ½
　酒 …… 大さじ½
　しょうゆ …… 大さじ1
　みりん …… 大さじ1

作り方

1 小松菜は5cm長さに切る。さば缶は缶汁と身に分け、身は大きめにほぐし、缶汁はとっておく。

2 鍋にA、しょうが、とっておいた缶汁を入れ、中火にかける。煮立ったら小松菜の軸、葉、さば缶の身を順に加える。

3 ふたをして弱めの中火で、3〜4分煮る。

濃厚甘辛だれ
2 : 2 : 1 : 1
しょうゆ　みりん　酒　砂糖

甘辛のなすがたまらない!
なすとじゃこのきんぴら

炒める

材料（2人分）

- なす …… 3個
- ちりめんじゃこ …… 15g
- ごま油 …… 大さじ1
- 酒 …… 大さじ½
- **A** 砂糖 …… 大さじ½
  みりん …… 大さじ1
  しょうゆ …… 大さじ1
- 七味唐辛子 …… 少々

作り方

1. なすは1cm幅で5cm長さの拍子木切りにする。
2. フライパンにごま油を中火で熱し、なすを広げ入れ、炒める。油がまわって少ししんなりしたら、ちりめんじゃこを加えて1分ほど炒める。
3. 2に酒を加えてふたをして1分ほど蒸し焼きにする。ふたを取り、**A**を順に加えて汁けがなくなるまで炒め合わせる。器に盛り、七味唐辛子をかける。

この副菜、優秀すぎ!
ピーマンとちくわのきんぴら

炒める

材料（2人分）

- ピーマン …… 5個
- ちくわ …… 2本
- ごま油 …… 小さじ2
- 酒 …… 大さじ½
- **A** 砂糖 …… 大さじ½
  みりん …… 大さじ1
  しょうゆ …… 大さじ1
- ゆずこしょう（チューブ）…… 小さじ½〜小さじ1

作り方

1. ピーマンは縦半分に切ってから8mm幅の細切りにする。ちくわは縦半分に切ってから斜め薄切りにする。
2. フライパンにごま油を中火で熱し、ピーマンを炒める。油がまわったらちくわを加えて1分ほど炒める。
3. 2に酒を加えてふたをして1分ほど蒸し焼きにする。ふたを取り、**A**を順に加え、汁けが少なくなったらにゆずこしょうを加えて炒め合わせる。

和の味つけ

照り焼きだれ

2 : 1 : 1 : 1
しょうゆ　みりん　酒　砂糖

「濃厚甘辛だれ」よりは少し甘みを抑えた、みんなが好きな「ごはんが進む」味つけです。みりんは照りを出すために加えています。==煮つめる前に余分な脂や水分を取り、フライパンをゆすりながら味をからめます。==

マヨ入りでふっくら！えのきの食感も最高！
ビッグ照り焼きつくね

焼く

材料（2人分）

豚ひき肉 …… 300g
えのきたけ …… 1パック（100g）
塩 …… 小さじ½
A マヨネーズ …… 大さじ1と½
　　酒 …… 大さじ1
　　しょうが（すりおろし）…… 1かけ
　　片栗粉 …… 大さじ1
サラダ油 …… 大さじ1
B 砂糖 …… 大さじ1と½
　　しょうゆ …… 大さじ3
　　みりん …… 大さじ1と½
　　酒 …… 大さじ1と½
卵黄 …… 2個分

作り方

1. えのきたけは根元を切り落とし、5mm幅に切る。ボウルにひき肉と塩を入れて粘りが出るまで混ぜる。**A**を加えて混ぜ、さらにえのきたけを混ぜ、2等分にする。**B**は混ぜ合わせておく。

2. 手に水適量（分量外）をつけ、**1**の肉だねを2cm厚さの楕円形に形を整える。

3. フライパンにサラダ油を引いて**2**を並べ入れる。中火にかけ、3分ほど焼いて焼き色がついたら裏返し、水大さじ3（分量外）をふり入れ、ふたをして弱めの中火で9〜10分蒸し焼きにする。

4. ==余分な脂をキッチンペーパーで拭き取る。==**B**を加えて強めの中火にし、泡が立って照りが出てきたらフライパンをゆすりながら煮からめる。

5. 器にお好みで青じそを敷き、**4**を盛る。フライパンに残ったたれをかけ、卵黄をつけながら食べる。

卵黄をたっぷりつけて召し上がれ！

これで決まる！
肉だねを焼くときに出てくる脂と水分はキッチンペーパーでしっかり拭き取って。こうすることでたれがよくからみます。

35

和の味つけ

これで決まる！

まな板に鶏肉を置いて片方の手で上から押さえ、肉の繊維を縫うように1切れずつ刺していくとしっかり刺せます。

お肉の切り方にコツがあります
おうち焼き鳥

焼く

材料（2人分）

鶏もも肉 …… 大1枚（350g）
A｜ 塩、こしょう …… 各少々
　｜ 酒 …… 大さじ1
サラダ油 …… 大さじ1
B｜ 砂糖 …… 大さじ1と½
　｜ しょうゆ …… 大さじ3
　｜ みりん …… 大さじ1と½
　｜ 酒 …… 大さじ1と½

作り方

1. 鶏肉は余分な脂肪と筋を取り、上もも部分（2/3）と下もも部分（1/2）で切り離す。上もも部分は12等分、下もも部分は6等分を目安に切り、**A**をもみ込み、10分おく。**B**は混ぜ合わせておく。

2. 串1本に下もも部分1切れ、上もも部分2切れを順に、肉の繊維を縫うように刺していく。全部で6本刺す。

3. フライパンにサラダ油を引き、**2**を間隔をあけて並べる。中火で3～4分焼き、焼き色がついたら裏返し、ふたをして弱めの中火で3～4分蒸し焼きにする。

4. 余分な脂をキッチンペーパーで拭き取り、**B**を加えて強めの中火にし、泡が立って照りが出てきたらフライパンをゆすりながら煮からめる。器に盛り、お好みでマヨネーズ、七味唐辛子を添える。

照り焼きだれ
2 : 1 : 1 : 1
しょうゆ　みりん　酒　砂糖

ミニトマトは少しヘラでつぶすのがコツ♪
かじきとミニトマトの照り焼き炒め

焼く

材料（2人分）

- かじき …… 3切れ
- ミニトマト …… 8〜10個
- 塩、こしょう …… 各少々
- 酒 …… 大さじ1
- 薄力粉 …… 適量
- サラダ油 …… 大さじ1
- A
  - 砂糖 …… 大さじ1
  - しょうゆ …… 大さじ2
  - みりん …… 大さじ1
  - 酒 …… 大さじ1

作り方

1. かじきは水けを拭き、ひと口大に切る。軽く塩、こしょうをふって酒をからめ、薄力粉を薄くまぶす。Aは混ぜ合わせておく。

2. フライパンにサラダ油を中火で熱し、1のかじきを2〜3分焼く。焼き色がついたら裏返し、かじきの横にミニトマトを入れ、ヘラで押さえて少しくずれるくらいまで焼く。

3. 余分な脂をキッチンペーパーで拭き取り、Aを加えて強めの中火にし、泡が立って照りが出てきたらフライパンをゆすりながら煮からめる。

和の味つけ

これで決まる！

豚肉に片栗粉をまぶしたら、ブロッコリーの茎を中心に巻きつけます。巻き終わったら手でぎゅっと握って密着させてください。

フライパンをゆすりながらたれを煮からめて

ブロッコリーの照り焼き肉巻き

焼く

材料（2〜3人分）

豚ロースしゃぶしゃぶ用肉 …… 180g
ブロッコリー …… 1/2〜3/4株
塩、片栗粉 …… 各適量
サラダ油 …… 大さじ1
A 砂糖 …… 大さじ1
　　しょうゆ …… 大さじ2
　　みりん …… 大さじ1
　　酒 …… 大さじ1

作り方

1 ブロッコリーは少し茎を残した状態で12〜14等分の小房に分ける。豚肉に軽く塩をふって片栗粉を薄くまぶし、ブロッコリー1房ごとに肉を巻きつける。**A**は混ぜ合わせておく。

2 フライパンにサラダ油を中火で熱し、**1**の巻き終わりを下にして入れて焼く。とじめがくっついたら裏返し、水大さじ2（分量外）をふり入れ、弱火でふたをしてときどき返しながら4〜5分蒸し焼きにする。

3 **2**に**A**を加えて強めの中火にし、泡が立って照りが出てきたらフライパンをゆすりながら煮からめる。

照り焼きだれ
2 : 1 : 1 : 1
しょうゆ　みりん　酒　砂糖

この「照り」がおいしさの目安
豚バラと大根の甘辛煮

煮る　／　冷蔵3日

材料（2人分）

豚バラ薄切り肉 …… 200g
大根 …… 9cm（300g）
ごま油 …… 小さじ2
しょうが（せん切り）…… 1かけ
A｜水 …… ¾カップ（150mℓ）
　｜酒 …… 大さじ1
　｜みりん …… 大さじ1
B｜砂糖 …… 大さじ1
　｜しょうゆ …… 大さじ2

作り方

1　大根は5mm厚さのいちょう切りにする。豚肉は5cm幅に切る。

2　フライパンにごま油を中火で熱し、1の豚肉を広げて入れ、全体がカリッとするまで焼き、一度取り出す。

3　2に大根を加え、豚肉から出た脂をからめるようにして2分ほど炒める。A、しょうがを加えて混ぜ、ふたをして弱めの中火で7～8分蒸し煮にする。

4　ふたを取り、2の豚肉、B、お好みで小口切りした大根の葉を加えて強めの中火にし、フライパンをゆすりながら2分ほど煮からめる。

和の味つけ

これこそ究極の丼！
照り玉丼

材料（2人分）

卵 …… 4個
スライスハム …… 2枚
サラダ油 …… 大さじ1
A ┌ 砂糖 …… 大さじ1
  │ しょうゆ …… 大さじ2
  │ みりん …… 大さじ1
  └ 酒 …… 大さじ1
温かいごはん …… 丼軽く2杯分

作り方

1. ハムは1枚を半分に切る。**A**は混ぜ合わせておく。

2. フライパンにサラダ油大さじ1/2を中火で熱し、ハムの半量を並べ入れ、1分ほど焼く。卵2個を割り入れ、強めの中火で白身がカリッとするまで焼く。

3. 弱火にしてから2に**A**の半量をまわし入れ、フライパンをゆすりながら1分ほど煮からめる。器にごはんをよそい、ハムエッグをのせる。残りも同様に作る。

焼く

照り焼きだれ
2 : 1 : 1 : 1
しょうゆ　みりん　酒　砂糖

コクがあるのにさっぱり食べられる!
手羽中と長ねぎの梅入り甘辛煮

煮る

冷蔵3日

材料（作りやすい分量）

鶏手羽中 …… 14〜16本
長ねぎ …… 2/3本
サラダ油 …… 小さじ2
A　水 …… 1/2カップ（100mℓ）
　　砂糖 …… 大さじ1
　　しょうゆ …… 大さじ2
　　みりん …… 大さじ1
　　酒 …… 大さじ1
梅干し（種を取り、ちぎる）…… 2個

作り方

1. 長ねぎは1cm幅の斜め薄切りにする。手羽中は水けを拭き、表裏に1本ずつ切り込みを入れる。

2. フライパンにサラダ油を中火で熱し、手羽中を皮目から入れ、全体に焼き色がつくまで焼く。手羽中の横に長ねぎを加え、一緒に焼く。

3. 2にA、梅干しを加えて混ぜ、煮立ったら落としぶたをして、弱めの中火でときどき混ぜながら8〜12分蒸し煮にする。

和の味つけ

マヨしょうゆだれ

1 : 1
マヨネーズ　しょうゆ

万能調味料のマヨネーズとしょうゆが織り成す魅惑の味つけ。マヨネーズは味わいが増すだけでなく、お肉をふっくらとやわらかく仕上げてくれる効果もあります。普通の揚げもの、炒めものに飽きたらぜひ「マヨしょうゆ」をお試しを。

マヨ効果でふっくらジューシー！
鶏肉のマヨしょうゆから揚げ

漬ける

材料（2〜3人分）

鶏もも肉 …… 大1枚(350g)
しょうが（すりおろし）…… 1かけ
しょうゆ …… 大さじ1と1/2
マヨネーズ …… 大さじ1と1/2
片栗粉 …… 大さじ4
サラダ油 …… 適量

作り方

1　鶏肉は余分な脂肪と筋を取り除き、9〜10等分に切る。ポリ袋に入れ、しょうゆ、しょうがを加えて20回もみ込んで5分おき、マヨネーズを加えてさらにもみ込む。

2　袋から鶏肉を取り出し、皮をのばしながら揚げる直前に片栗粉を全体にまぶす。

3　フライパンにサラダ油を深さ2cmまで注ぎ、170℃に熱する。2を皮目から入れ、衣がかたまってきたら裏返し、上下を返しながら3〜4分揚げる。仕上げに火を強めて1分ほど揚げ、油をよくきる。器に盛り、お好みでレモンを添える。

レシピを見なくても作れるお手軽さ！

これで決まる！

鶏肉に先にしょうゆとしょうがをもみ込んで5分おいてからマヨネーズをもみ込みます。こうすると短時間で味が中まで入ります。

和の味つけ

何度でも作りたくなる♪
豚こまとピーマンのマヨしょうゆ炒め

材料（2人分）

豚こま切れ肉 …… 200g
ピーマン …… 3個
塩、こしょう、薄力粉 …… 各適量
サラダ油 …… 大さじ½
A｜マヨネーズ …… 大さじ1
　｜しょうゆ …… 大さじ1

作り方

1. ピーマンは縦半分に切り、横3等分に切る。豚肉に軽く塩、こしょうをし、薄力粉を薄くまぶす。

2. フライパンにサラダ油を中火で熱し、**1**の豚肉を炒める。肉の色が変わったら、ピーマンを加え、1～2分炒める。

3. ピーマンに油がまわったら、**A**を加えて混ぜ、全体にからめながら炒め合わせる。

マヨしょうゆだれ

マヨネーズ 1 : 1 しょうゆ

味がバシッと決まる!
マヨしょうゆ焼きうどん

炒める

材料（2人分）

冷凍うどん …… 2玉
ウインナー …… 3本
キャベツ …… 2枚
サラダ油 …… 小さじ2

A｜マヨネーズ …… 大さじ1
　｜しょうゆ …… 大さじ1
塩、こしょう …… 各適量
かつお節 …… 小1パック(2g)

作り方

1　冷凍うどんはパッケージの表示通りに電子レンジで解凍する。

2　キャベツは2〜3cm四方に切る。ウインナーは斜め4等分の薄切りにする。

3　フライパンにサラダ油を中火で熱し、2のウインナー、キャベツの順に入れて炒める。

4　キャベツに油がまわったら、1のうどんを加えて合わせ、A、塩、こしょうを加えて混ぜ、全体にからめながら炒め合わせる。器に盛り、かつお節をのせる。

漬ける　冷蔵3日

ぜひ試してほしいおいしさ!
ゆで卵のマヨしょうゆ漬け

材料（作りやすい分量）

卵 …… 5〜6個
A｜しょうゆ …… 大さじ2
　｜マヨネーズ …… 大さじ2

作り方

1　冷蔵庫から出したての卵をフライパンに入れ、水1カップ（200mℓ・分量外）を注ぐ。沸騰したら中火でふたをして6分蒸し煮にする。途中フライパンをゆするとよい。

2　火を止めて5分おく。すぐに冷水につけて殻をむく。

3　ジッパー付き保存袋にAを入れて混ぜ、2を加えて袋の口を閉じ、冷蔵庫で4時間以上漬ける。

和の味つけ

コクうましょうゆだれ

2 : **1** : **1**

しょうゆ　　砂糖　　ごま油

ごま油の風味がきいたコクのあるしょうゆだれ。お肉やお魚をこのたれに漬けてから焼いてもいいですし、炒めものの味つけにぴったりです。漬け込む際は、しょうゆと砂糖を先に入れて少しなじませてからごま油を加えると味がよくしみます。

焼く

ごま油効果でパサつかない
手羽先のコクうましょうゆ漬け焼き

材料（作りやすい分量）

鶏手羽先 …… 8～10本
砂糖 …… 大さじ1と½
しょうゆ …… 大さじ3
にんにく（すりおろし）…… 1かけ
ごま油 …… 大さじ1と½
サラダ油 …… 大さじ1
いりごま（白）…… 大さじ1

作り方

1. 手羽先はキッチンばさみで骨と骨の間に1本ずつ切り込みを入れる。

2. ジッパー付き保存袋に1を入れ、砂糖、しょうゆ、にんにくをもみ込み、10分おく。ごま油を加えてさらにもみ込み、袋の口を閉じ、冷蔵庫で半日～ひと晩おく。

3. フライパンにサラダ油を引き、汁けをきった2の手羽先を並べ入れる。中火で2～3分焼き、肉の色が変わり、少し焼き色がついたものから裏返し、弱火にしてふたをして4～5分蒸し焼きにする。ふたを取り、いりごま、袋に残ったたれを加えて火を強め、煮からめる。

4. 器に3を盛り、お好みでこしょうをかける。

ついつい手が伸びる
禁断のおいしさ！

これで決まる！

手羽先にごま油を先に入れると味がしみ込みにくくなるので、砂糖、しょうゆ、にんにくをもみ込んでから加えます。

和の味つけ

炒める

しっとりして冷めてもおいしい
豚こまと長いものコクうましょうゆ炒め

材料（2〜3人分）

豚こま切れ肉 …… 200g
長いも …… 180g
塩、こしょう、片栗粉 …… 各適量
A　砂糖 …… 大さじ½
　　しょうゆ …… 大さじ1
　　ごま油 …… 大さじ½
　　しょうが（すりおろし）…… 1かけ
サラダ油 …… 大さじ1

作り方

1. 豚肉は軽く塩、こしょうをふり、片栗粉を薄くまぶす。長いもは皮をむき、4〜5cm長さの拍子木切りにする。Aは混ぜ合わせておく。

2. フライパンにサラダ油の半量を中火で熱して豚肉を広げ入れ、2〜3分炒めて一度取り出す。残りのサラダ油を足して熱し、長いもを加え、1〜2分炒める。

3. 2の豚肉を戻し入れてAを加え、全体にからめながら炒め合わせる。

このたれでお値打ちの魚が絶品に！
ぶりのしょうゆ漬け焼き

材料（2人分）

ぶり …… 大2切れ
しょうゆ …… 大さじ2
砂糖 …… 大さじ1
ごま油 …… 大さじ1

漬ける

作り方

1. ぶりは塩少々（分量外）を全体にふって10分おき、余分な水けを拭く。ジッパー付き保存袋に砂糖、しょうゆを入れてもみ混ぜ、ぶりを加えてなじませる。ごま油を加えてさらにもみ混ぜ、袋を閉じて冷蔵庫で3時間〜ひと晩おく。

2. オーブントースターの天板にくっつきにくいタイプのアルミホイルを敷き、薄く油（分量外）を塗る。1のぶりのたれを軽くきって並べ、8〜10分焼く。焼き上がる2分ほど前に残ったたれを2〜3回塗って焼く（途中焦げそうな場合は、アルミホイルをかぶせる）。

3. 器に2を盛り、お好みで水菜のざく切りを添える。

玉ねぎの甘みが引き出されます
焼き玉ねぎのしょうゆ漬け

材料（作りやすい分量）

玉ねぎ …… 1個
小ねぎ（小口切り）…… 3〜4本
サラダ油 …… 大さじ1
塩 …… 適量
A　砂糖 …… 大さじ1と½
　　しょうゆ …… 大さじ3
　　ごま油 …… 大さじ1と½
　　水 …… 大さじ3
　　ラー油 …… 2滴

漬ける

冷蔵3日

作り方

1. 玉ねぎは2cm幅のくし形切りにし、ほぐす。

2. フライパンにサラダ油を中火で熱し、1を並べ入れる。軽く塩をふり、ときどき返しながら5〜6分焼く。

3. 焼いている間に保存容器などにAを合わせて混ぜ、小ねぎも加えて混ぜておく。2が焼けたらたれに加え、落としラップをして30分ほどおく。

和の味つけ

カレーじょうゆだれ

3 : **3** : **1**
しょうゆ　　みりん　　カレー粉

みりんのほんのりとした甘みも感じられてほっとする和風のカレー味。青魚など少しクセのある食材が苦手な人でも、この味つけならおいしく食べられます。前日がカレーじゃなくても、定番のカレーうどんがすぐ作れます。

10分もみ込んでから煮るだけ！

手羽元とうずら卵のカレーじょうゆ煮

材料（作りやすい分量）

鶏手羽元 …… 8本
うずら卵水煮 …… 12個
A 塩 …… ふたつまみ
　　砂糖 …… ふたつまみ
　　酒 …… 大さじ1
B カレー粉 …… 大さじ1
　　しょうゆ …… 大さじ3
　　みりん …… 大さじ3
　　にんにく（すりおろし）…… 1かけ
　　しょうが（すりおろし）…… 1かけ
　　水 …… 1と¼カップ（250㎖）

作り方

1. 鶏手羽元は水けを拭き、骨にそって切り込みを入れて開き、フォークで全体を刺す。ポリ袋に入れ、**A**を加えてもみ込み、10分おく。

2. 直径20㎝の小鍋に**B**を入れてよく混ぜ、**1**を加えて中火にかける。煮立ったら落としぶたをして弱めの中火で10〜12分煮る（途中、鶏肉の上下を返す）。ふたを取り、うずら卵を加えてさらに5分煮て、火を止めてそのまま冷ます。

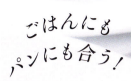

ごはんにも
パンにも合う！

これで決まる！

鍋は大きすぎない直径20cmくらいの小鍋がおすすめ。鶏手羽元が収まりやすく、煮汁も全体に行き渡りやすくなるので味がよくしみます。

和の味つけ

お蕎麦屋さんのあの味を再現
鶏肉と玉ねぎのカレーうどん

煮る

材料（2人分）

冷凍うどん …… 2玉
鶏もも肉 …… 1/2枚（150g）
玉ねぎ …… 1/2個
油揚げ …… 1枚
塩、こしょう …… 各適量
サラダ油 …… 大さじ1
カレー粉 …… 大さじ1
A　しょうゆ …… 大さじ3
　　みりん …… 大さじ3
　　しょうが（すりおろし）…… 1かけ
　　濃いめのだし汁
　　　　…… 3と1/2カップ（700ml）
B　片栗粉 …… 大さじ1と1/2
　　薄力粉 …… 大さじ1と1/2
　　水 …… 大さじ3

作り方

1　冷凍うどんはパッケージの表示時間通りに電子レンジで解凍しておく。A、Bはそれぞれ混ぜ合わせておく。

2　玉ねぎは繊維に垂直に薄切りにする。油揚げは1cm幅に切る。鶏肉は余分な脂肪と筋を取り、1.5cm角に切る。

3　フライパンにサラダ油を中火で熱し、2の鶏肉を炒める。肉の色が変わったら玉ねぎを加えて塩、こしょうをして炒める。玉ねぎが少ししんなりしたらカレー粉を加え、全体になじむまで炒める。

4　3にAを加えて混ぜ、2の油揚げ、1のうどんを加えて1〜2分煮る。Bをまわし入れ、混ぜながらとろみがつくまで煮て火を止める。器に盛り、お好みで小ねぎの斜め切りをのせる。

「和食×カレー」のベストコンビ

塩さばと長ねぎのカレーじょうゆ炒め

材料（2人分）

塩さば（半身・骨抜き済み）……2枚（200g）
長ねぎ ……3/4本
薄力粉 ……適量
サラダ油 ……大さじ1
A カレー粉 ……小さじ2/3
　　しょうゆ ……小さじ2
　　みりん ……小さじ2

作り方

1　長ねぎは竹串で全体を刺して穴をあけ、2cm幅に切る。塩さばは水けを拭いて2cm幅に切り、薄力粉を薄くまぶす。**A**は混ぜ合わせておく。

2　フライパンにサラダ油に中火で熱し、1のさばの皮目から入れ、両面合わせて3〜4分焼く。さばの横に長ねぎを入れ、同時に転がしながら2〜3分焼く。

3　さばに火が通り、長ねぎがしんなりしたら、**A**を加えて全体にからめながらさっと炒め合わせる。

甘酢だれ

1 : **1** : **1**
しょうゆ　　砂糖　　酢

覚えやすい割合の定番甘酢だれ。肉や魚、野菜などいろいろな食材を漬けるのにぴったりです。混ぜてそのまま漬けるとさっぱりと食べられ、鍋でさっと煮立ててから漬けると酸味がとれてまろやかな味わいになります。

漬けるタイミングが大事!
鮭とトマトの南蛮漬け

漬ける　冷蔵2〜3日

材料（作りやすい分量）

- 生鮭 …… 3切れ
- トマト …… 1個
- 塩、こしょう、片栗粉 …… 各適量
- **A** 砂糖 …… 大さじ2
  - しょうゆ …… 大さじ2
  - 酢 …… 大さじ2
  - 濃いめのだし汁 …… ¾カップ（150ml）
- オリーブオイル …… 大さじ4

作り方

1. 鍋に**A**を入れて混ぜ、中火にかけてひと煮立ちさせ、バットなどに移して冷ます。トマトは1cm角に切り、たれに加えておく。

2. 鮭は水けを拭き、骨を取り除く。1切れを3〜4等分に切って強めに塩、こしょうをふり、片栗粉を薄くまぶす。

3. フライパンにオリーブオイルを中火で熱し、*2*を入れて3〜4分揚げ焼きにする。

4. 火が通ったものから熱いうちに*1*に加えてなじませ、15分以上おく。食べるときにお好みでかいわれ菜をのせる。

疲れたとき
無性に食べたくなる♪

これで決まる！

甘酢だれは軽く煮立ててから漬けます。酸味がとんでまろやかになり、子どもでも食べやすい味わいになります。

まろやかな酸味の「無限鶏むね」
鶏むねと長ねぎの南蛮漬け

漬ける　冷蔵3日

材料（作りやすい分量）

鶏むね肉 …… 大1枚（350g）
長ねぎ …… 1本
塩、こしょう、片栗粉 …… 各適量
サラダ油 …… 大さじ3
A 砂糖 …… 大さじ2と½
　しょうゆ …… 大さじ2と½
　酢 …… 大さじ2と½
　濃いめのだし汁
　　 …… 1カップ（200mℓ）
ゆずこしょう（チューブ）
　 …… 小さじ½～1
サラダ油 …… 大さじ4

作り方

1. 長ねぎは5cm長さの細切りにして塩少々をもみ込み、水で洗って水けを絞る。

2. 鍋にAを入れて混ぜ、中火にかけてひと煮立ちさせ、バットなどに移して冷ます。ゆずこしょうを溶かし、1を漬けておく。

3. 鶏肉は皮を取り、フォークで全体を刺してから1cm幅のそぎ切りにする。強めに塩、こしょうをふり、片栗粉を薄くまぶす。

4. フライパンにサラダ油を中火で熱し、3を入れて2～3分焼く。焼き色がついたら裏返し、2～3分焼く。火が通ったものから熱いうちに2に加えてなじませ、15分以上おく。

甘酢だれ
しょうゆ : 砂糖 : 酢
1 : 1 : 1

これで決まる！

細かく切った豚肉を手でギュッと握って、団子状にまとめます。こうすると肉同士が結着して弾力が出て、食べごたえも増します。

酢豚のお手軽バージョン

豚こまとパプリカの甘酢炒め

炒める

材料（2〜3人分）

豚こま切れ肉 …… 250g
パプリカ(赤) …… ½個
玉ねぎ …… ½個
A｜塩 …… 小さじ¼
　｜こしょう …… 少々
片栗粉 …… 適量
サラダ油 …… 大さじ2
ごま油 …… 大さじ½
B｜砂糖 …… 大さじ2
　｜しょうゆ …… 大さじ2
　｜酢 …… 大さじ2
　｜水 …… 大さじ2
　｜片栗粉 …… 小さじ1

作り方

1 玉ねぎ、パプリカは2cm四方に切る。Bは混ぜ合わせておく。

2 豚肉はキッチンばさみで細かく切り、Aを加えてもみ込む。12等分にしてから手でギュッと握って平たい団子状にまとめ、片栗粉を薄くまぶす。

3 フライパンにサラダ油を中火で熱し、2の団子を入れて両面を2〜3分ずつ焼き、一度取り出す。

4 3のフライパンにごま油を足して熱し、1のパプリカ、玉ねぎを入れて炒める。油がまわったら3の団子を戻し入れ、炒め合わせる。Bをもう一度混ぜ合わせてから加え、とろみがつくまで炒め合わせる。

和の味つけ

たっぷり作って野菜を大量消費！
野菜の揚げびたし

材料（作りやすい分量）

ピーマン …… 3個	A 砂糖 …… 大さじ2
かぼちゃ …… 1/8個	しょうゆ …… 大さじ2
なす …… 2個	酢 …… 大さじ2
サラダ油 …… 適量	だし汁 …… 3/4カップ (150ml)
	しょうが（すりおろし）…… 1かけ

作り方

1. 鍋にAを入れて混ぜ、中火にかけてひと煮立ちさせ、火を止める。バットなどに移して冷まし、しょうがを加えておく。

2. かぼちゃは8mm厚さのくし形切りにする。ピーマンは縦半分に切ってからさらに2～3等分に切る。なすは縦半分に切り、斜めに切り込みを入れ、長さを半分に切る。

3. フライパンにサラダ油を1cm深さまで入れて中火で熱し、かぼちゃを2～3分、なすを2分、ピーマンを1分ほど揚げ焼きにする。火が通ったものから油をよくきり、1に漬けて15分以上おく。

もう味がブレない！
ツナとコーンの和風春雨サラダ

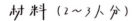

材料（2～3人分）

春雨（ショートタイプ・乾燥）…… 40g
ツナ油漬け缶 …… 1缶 (70g)
ホールコーン缶 …… 1/2缶 (60g)
カットわかめ（乾燥）…… 1g
A 砂糖 …… 大さじ1と1/2
　しょうゆ …… 大さじ1と1/2
　酢 …… 大さじ1と1/2
　ごま油 …… 大さじ1/2

作り方

1. ボウルに春雨を入れ、かぶるくらいの熱湯（分量外）をまわしかけ、6～7分おいてもどし、水けをよくきる。

2. カットわかめはたっぷりの水でもどし、水けをきる。ツナ缶、コーン缶は缶汁をきる。

3. ボウルにAを順に入れてよく混ぜ合わせ、1、2を加えてムラなくあえる。

甘酢だれ

1 : 1 : 1
しょうゆ　砂糖　酢

食べ始めると止まらないかも
ミニトマトとオクラの甘酢あえ

あえる

材料（2人分）

ミニトマト …… 6個
オクラ …… 6本
A｜砂糖 …… 小さじ2
　｜しょうゆ …… 小さじ2
　｜酢 …… 小さじ2

作り方

1. オクラはがくをぐるりとむいて塩小さじ1（分量外）をまぶし、両手でこすり合わせる。沸騰した湯で1〜2分ゆで、冷水にさらして水けをきり、1cm幅の斜め切りにする。

2. ミニトマトは縦半分に切る。

3. ボウルにAを入れてよく混ぜ合わせ、1、2を加えてあえる。

オリーブオイルとも好相性
キャベツの甘酢あえ

あえる

材料（2人分）

キャベツ …… 1/4個
A｜砂糖 …… 小さじ2
　｜しょうゆ …… 小さじ2
　｜酢 …… 小さじ2
オリーブオイル …… 小さじ1
いりごま（白）…… 大さじ1/2

作り方

1. キャベツは太めのせん切りにし、塩ひとつまみ（分量外）をふってもみ込み、10分おく。

2. ボウルにAを入れてよく混ぜ合わせておく。

3. 1の水けを絞り、2に加えてあえる。器に盛り、オリーブオイル、いりごまをかける。

和の味つけ

みそマヨだれ

2 : **1**
マヨネーズ : みそ

コクがたっぷりで満足感のある味わい。切り身魚や厚揚げなどに塗ってトースターで焼くとこってりとしたうまみが楽しめます。混ぜてあえものにしたり、炒めものの味つけに使ったりと万能です。そのまま生野菜につけても◎。

冷めてもおいしいからお弁当にも♪

豚肉のみそマヨ漬け焼き

漬ける

冷蔵3日 / 冷凍2週間
※漬けた状態で

材料（作りやすい分量）

豚ロースとんかつ用肉 …… 2枚(260g)
A マヨネーズ …… 大さじ3
　 みそ …… 大さじ1と1/2

作り方

1. 豚肉はフォークで全体を刺し、脂身のところは浅く切り込みを入れる。

2. Aは混ぜ合わせる。ラップに1/4量を塗って1の1枚をのせ、さらに1/4量をのせてラップでぴっちりと包む。これをもう1組作る。ジッパー付き保存袋に入れて袋の口を閉じ、冷蔵庫でひと晩おく。

3. フライパンにくっつきにくいタイプのアルミホイルを敷く。2のたれをぬぐって並べ入れ、弱めの中火で両面合わせて6〜8分焼く。食べやすい大きさに切って器に盛る。お好みでリーフレタスを添える。

材料はたった3つ！仕込みもかんたん！

これで決まる！

豚肉を漬けるときはラップを使います。たれを塗ってラップでぴっちりと包めば、少量のたれでもまんべんなく豚肉を漬け込むことができます。

和の味つけ

トースターでジューシー！
鮭のみそマヨ焼き

材料（2人分）

生鮭 …… 大2切れ
A｜マヨネーズ …… 大さじ2
　｜みそ …… 大さじ1

作り方

1. 鮭は塩少々（分量外）をふって10分おき、水けを拭く。骨を取り除き、長さを半分に切る。

2. Aは混ぜ合わせておく。

3. オーブントースターの天板にくっつきにくいタイプのアルミホイルを敷く。1の鮭を並べ、3分焼く。一度取り出して2を等分に塗り、3〜5分焼く（途中焦げそうな場合は、アルミホイルをかぶせる）。

みそマヨだれ

マヨネーズ 2 : みそ 1

ツルッとしたささみが◎
ささみとアスパラのみそマヨ炒め

材料（2人分）

鶏ささみ（筋なし）……4本
アスパラガス ……4本
A 塩、こしょう ……各少々
　　酒 ……大さじ1
　　片栗粉 ……大さじ1
サラダ油 ……大さじ1
B マヨネーズ ……大さじ2
　　みそ ……大さじ1
　　水 ……大さじ1

作り方

1 アスパラガスは根元のかたい皮をピーラーでむき、斜め4cm長さに切る。ささみは4〜5等分のそぎ切りにし、**A**を順にもみ込む。**B**は混ぜ合わせておく。

2 フライパンにサラダ油を中火で熱し、**1**のささみを入れ、2〜3分焼く。色が変わり焼き色がついたら、ささみの横にアスパラガスを入れ、さらに2分ほど炒める。

3 **2**に**B**を加え、全体にからめながら手早く炒め合わせる。

和の味つけ

発酵食のうまみがジュワ〜♪
厚揚げのみそマヨねぎ焼き

トースター

材料（2人分）

厚揚げ …… 小2枚（300g）
長ねぎ（斜め薄切り）…… 1/4本
A | マヨネーズ …… 大さじ2
　 | みそ …… 大さじ1
溶けるチーズ …… 40g

作り方

1. 厚揚げはキッチンペーパーで軽く油を押さえ、1枚を3等分に切る。

2. Aは混ぜ合わせ、長ねぎを加えてさらに混ぜる。

3. オーブントースターの天板にくっつきにくいタイプのアルミホイルを敷く。1を並べて2を塗り、チーズをのせて5〜7分焼く。

みそマヨだれ

マヨネーズ 2 : 1 みそ

ごまたっぷりで栄養満点!
ブロッコリーの みそマヨ白あえ

材料（2人分）

ブロッコリー …… 小1株
木綿豆腐 …… ½丁(175g)
A｜マヨネーズ …… 小さじ4
　｜みそ …… 小さじ2
　｜すりごま(白) …… 大さじ2

あえる

作り方

1 豆腐は粗くくずしてキッチンペーパーの上にのせ、5分おく。

2 ブロッコリーは小房に分け、茎はかたい皮をむいて食べやすい大きさに切る。沸騰した湯で2分ほど塩ゆで（分量外）し、水けをきって冷ます。

3 ボウルに**1**、**A**を入れて混ぜ合わせ、**2**を加えてあえる。

きのこ好きにぜひ作ってほしい
ミックスきのこの みそマヨあえ

材料（2人分）

しめじ …… 1パック(100g)
しいたけ …… 4個
エリンギ …… 2本
A｜マヨネーズ …… 小さじ4
　｜みそ …… 小さじ2

あえる

作り方

1 しめじは根元を切り落とし、小房に分ける。しいたけは石づきを取り、縦4等分に切る。エリンギは長さを半分に切り、縦3～4等分に切る。

2 耐熱容器に**1**を入れて合わせ、ふんわりとラップをかけて電子レンジで2分～2分30秒加熱する。水けをきり、粗熱をとる。

3 ボウルに**A**を入れて混ぜ合わせ、**2**を加えてあえる。

和の味つけ

甘辛みそだれ

3 : 3 : 1 : 1
みそ　みりん　砂糖　しょうゆ

みそをベースにした甘辛で食欲が増す味つけで、いろいろなお肉や野菜と組み合わせて楽しめます。炒めものにする場合は少し火を強めてしっかりと煮つめるとみその香りが引き立ち、食材ともよくからみます。

みその香りにそそられる！
鶏ももとなすの甘辛みそ炒め

炒める

材料（2人分）

鶏もも肉 …… 1枚（300g）
なす …… 2個
塩、こしょう、薄力粉 …… 各適量
サラダ油 …… 大さじ1と½
A ┌ みそ …… 大さじ2
　├ みりん …… 大さじ2
　├ 砂糖 …… 小さじ2
　└ しょうゆ …… 小さじ2

作り方

1. 鶏肉は余分な脂肪と筋を取り、ひと口大に切って軽く塩、こしょうをもみ込み、薄力粉を薄くまぶす。なすは長さを半分に切ってから縦4等分に切る。Aは混ぜ合わせておく。

2. フライパンにサラダ油を中火で熱し、1の鶏肉を皮目から入れ、3〜4分焼く。焼き色がついたら裏返し、鶏肉の横になすを皮目から入れ、塩少々（分量外）をふり、鶏肉の脂を吸わせながら2〜3分焼く。

3. 余分な脂を拭き取り、フライパンの中央をあけ、Aを加えて火を強める。煮立ってきたら、全体にからめながら炒め合わせる。

ごはんにバウンドさせて
モリモリ食べたい♪

これで決まる！

みそだれは加熱すると焦げやすいので、ほかの調味料としっかり混ぜてから加えてください。

和の味つけ

カリカリ豚にたれがからむ！
豚こまとキャベツの みそしょうが炒め

材料（2人分）

豚こま切れ肉 …… 200g
キャベツ …… ⅙個
にら …… ½把
塩、こしょう、片栗粉 …… 各適量
ごま油 …… 大さじ1
A みそ …… 大さじ2
　　みりん …… 大さじ2
　　砂糖 …… 小さじ2
　　しょうゆ …… 小さじ2
　　しょうが（すりおろし）…… 1かけ

作り方

1. キャベツは3〜4cm四方のざく切りにし、にらは4cm長さに切る。豚肉は軽く塩、こしょうをもみ込み、片栗粉を薄くまぶす。**A**は混ぜ合わせておく。

2. フライパンにごま油を中火で熱し、**1**の豚肉を入れ、全体がカリッとするまで3〜4分焼き、一度取り出す。

3. **2**にキャベツ、にらを順に加えてさっと炒める。野菜を端に寄せ、**A**を加えて火を強め、煮立ってきたら**2**の豚肉を戻し入れ、全体にからめながら炒め合わせる。

手作りならではのおいしさに感動
青じそ入り焼きみそおにぎり

材料 (2人分)

温かいごはん …… 360g
青じそ …… 8枚
いりごま(白) …… 大さじ1
塩 …… ふたつまみ
A みそ …… 大さじ2
　みりん …… 大さじ2
　砂糖 …… 小さじ2
　しょうゆ …… 小さじ2

作り方

1 Aは混ぜ合わせておく。

2 青じそは粗みじん切りにする。ごはんに青じそ、いりごま、塩を加えて混ぜる。4等分にし、ラップで包んで三角形ににぎる。

3 オーブントースターにくっつきにくいタイプのアルミホイルを敷く。2をのせて両面を焼き色がつくまで3〜5分焼く。片面に1をスプーンなどで塗り、焼き色がつくまで焼く。裏返して同様に1を塗り、同様に焼く。

和の味つけ

マヨポン酢だれ

1 : **1**
マヨネーズ : ポン酢しょうゆ

マヨネーズとポン酢しょうゆという超シンプルな配合なのに、万能すぎるたれができました。さっぱりとしていながらクリーミーなコクがあって、炒めてもよし、あえてもよし。どんな食材とも合いますが、お刺身との組み合わせは激推しです。

さっぱり&クリーミーで欲張りなひと皿

えびとブロッコリーのマヨポン炒め

炒める

材料（2人分）

むきえび …… 200g
ブロッコリー …… 大1/2株
塩、こしょう、薄力粉 …… 各適量
サラダ油 …… 大さじ1
ポン酢しょうゆ …… 大さじ1と1/2
マヨネーズ …… 大さじ1と1/2

作り方

1 ブロッコリーは小房に分け、茎はかたい皮をむいて食べやすい大きさに切る。えびは背わたがあれば取り、塩もみ（分量外）して洗い、水けを拭く。軽く塩、こしょうをふり、薄力粉を薄くまぶす。

2 フライパンに**1**のブロッコリー、塩、サラダ油各少々、水大さじ2（いずれも分量外）を入れる。沸いたら弱めの中火でふたをし、2分蒸し焼きにして一度取り出す。

3 フライパンの水けを拭き、サラダ油を中火で熱し、**1**のえびを加えて2～3分炒める。**2**のブロッコリーを戻し入れ、ポン酢しょうゆを加え、汁けをとばしながら炒め合わせる。火を止めてマヨネーズを加えてさっとからめる。

野菜もたっぷりとれて いいことづくめ！

これで決まり！
マヨネーズは炒めると溶けてしまうので、仕上げに加えてさっとからめます。こうすれば、コクとクリーミーな味わいがしっかり堪能できます。

和の味つけ

これで決まる！

鶏むね肉を薄力粉でコーティングすることで食感がやわらかくなり、たれもからみやすくなります。ポリ袋に使えば、まんべんなく粉がまぶせます。

たれをたっぷりまとわせて
鶏むねのマヨポンごま照り焼き

焼く

材料（2人分）

鶏むね肉 …… 1枚（300g）
- **A**　塩、こしょう …… 各少々
　　　酒 …… 大さじ1
薄力粉 …… 大さじ1と½
サラダ油 …… 大さじ1
- **B**　ポン酢しょうゆ …… 大さじ1と½
　　　マヨネーズ …… 大さじ1と½
　　　いりごま（白） …… 大さじ½

作り方

1. 鶏肉はフォークで全体を刺し、1cm幅のそぎ切りにする。ポリ袋に入れ、Aを順にもみ込み、薄力粉をまぶす。Bは混ぜ合わせておく。

2. フライパンにサラダ油を弱めの中火で熱し、1を並べ入れる。2分焼いて色が変わったら裏返し、ふたをして弱めの中火で2〜3分蒸し焼きにする。

3. 余分な油を拭き取り、中央をあけてBを加え、火を強めてとろりとしてきたら、フライパンをゆすりながら全体にからめる。器に盛り、お好みでブロッコリースプラウトを添える。

マヨポン酢だれ

マヨネーズ 1 : 1 ポン酢しょうゆ

豆板醤の量はお好みで調整して
ぶりとしめじのピリ辛マヨポン炒め

 炒める

材料（2〜3人分）

ぶり……3切れ
しめじ……1パック（100g）
長ねぎ……½本
塩、こしょう……各少々
薄力粉……大さじ1と½
ごま油……大さじ1
A｜ポン酢しょうゆ……大さじ2
　｜マヨネーズ……大さじ2
　｜豆板醤……小さじ½〜1

作り方

1. しめじは根元を切り落とし、ほぐす。長ねぎは5mm幅の斜め薄切りにする。ぶりは水けを拭き、ひと口大に切る。軽く塩、こしょうをふり、薄力粉を薄くまぶす。Aは混ぜ合わせておく。

2. フライパンにごま油を中火で熱し、1のぶりを焼く。2〜3分焼いて焼き色がついたら裏返し、ぶりの横にしめじ、長ねぎを入れ、2分ほど炒める。

3. 2のフライパンの中央をあけ、Aを加えて強めの中火にする。とろりとしてきたら全体にからめながら炒め合わせる。

和の味つけ

かんたんなのに幸せ度100％
サーモンとアボカドのマヨポン丼

`漬ける`

材料（2人分）

- サーモン（刺身用）…… 1さく（180〜200g）
- アボカド …… 1個
- A
  - ポン酢しょうゆ …… 大さじ2
  - マヨネーズ …… 大さじ2
  - にんにく（すりおろし・チューブ）…… 小さじ1
- 温かいごはん …… 400g
- 焼きのり、小ねぎ（小口切り）…… 各適量

作り方

1. バットに**A**を入れて混ぜ合わせておく。

2. サーモンは8mm幅のそぎ切りにする。アボカドは種と皮を取り、縦半分に切ってから8mm幅の薄切りにする。ともに**1**に加え、落としラップをして5分おく。

3. ごはんに焼きのりをちぎって混ぜる。器によそい、サーモンとアボカドを交互にのせ、小ねぎをちらす。

無限に食べられちゃう!
生小松菜とツナのマヨポンサラダ

材料（2人分）

- 小松菜 …… 1把（200g）
- ツナ油漬け缶 …… 1缶（70g）
- A ┃ ポン酢しょうゆ …… 大さじ1と½
  ┃ マヨネーズ …… 大さじ1と½
- 粉チーズ …… 大さじ1

作り方

1. 小松菜は軸を4cm長さ、葉は2cm長さに切る。ツナは缶汁をきる。
2. ボウルにAを入れて混ぜ合わせ、1の小松菜を先に加えてたれがなじむまであえる。ツナを加えてさっくりとあえて器に盛り、粉チーズをかける。

やみつき間違いなし!
お刺身マヨポンサラダ

材料（2人分）

- まぐろ（刺身用）…… 50g
- ほたて（刺身用）…… 50g
- いか（刺身用）…… 50g
- リーフレタス …… 1〜2枚
- サラダ菜 …… 2〜3枚
- かいわれ菜 …… ¼パック
- A ┃ ポン酢しょうゆ …… 大さじ2
  ┃ マヨネーズ …… 大さじ2
  ┃ ゆずこしょう（チューブ）…… 2cm
  ┃ ごま油 …… 小さじ1

作り方

1. 刺身は食べやすい大きさに切る。リーフレタス、サラダ菜は手でちぎり、かいわれ菜は根元を切り落とし、3等分に切る。
2. Aは混ぜ合わせておく。
3. 器に1を盛り合わせ、Aをまわしかける。

和の味つけ

バタポンだれ

3 : 1
ポン酢しょうゆ : バター

バターの濃厚なコクと風味に、ポン酢のやさしい酸味と塩味がバツグンに合います。この2つだけで炒めものも、あえものも、パスタだってできちゃいます。薄力粉でコーティングしたり、余分な脂を拭き取ったりすればより味わいもアップ。

ごはんにもビールにもぴったり！
豚バラとなすの
ガーリックバタポン炒め

炒める

材料（2人分）

豚バラ薄切り肉 …… 200g
なす …… 2個
にんにく（みじん切り）…… 1かけ
塩、こしょう、薄力粉 ……各適量
サラダ油 …… 大さじ1
A｜バター …… 大さじ1（約12g）
　｜ポン酢しょうゆ
　｜　…… 大さじ2（約36g）

作り方

1. 豚肉は6cm幅に切り、軽く塩、こしょうをふり、薄力粉を薄くまぶす。なすは1.5cm幅の半月切りにする。

2. フライパンにサラダ油を中火で熱し、1の豚肉を広げ入れて焼く。全体にカリッと焼き色がついたら、一度取り出す。

3. 2ににんにく、なす、塩少々を入れて2〜3分炒める。なすがとろりとしてきたら、2の豚肉を戻し入れてAを加え、火を強めて全体にからめながら炒め合わせる。

とろ〜り
なすがたまらん

これで決まる！

油を追加せずに豚肉から出た脂をなすに吸わせ、塩をふってしっかり炒めます。こうするととろりとした食感に変わり、やみつきの味わいになります。

和の味つけ

この組み合わせ、絶対あり!

生ハムとマッシュルームのバタポンパスタ

ゆでる

材料（2人分）

スパゲッティ（8分ゆで）…… 200g
マッシュルーム（ホワイト）…… 8個
生ハム …… 4枚
オリーブオイル …… 大さじ2
A バター …… 大さじ1（約12g）
　 ポン酢しょうゆ …… 大さじ2（約36g）
青じそ（せん切り）…… 4〜5枚

作り方

1 フライパンに湯1.2ℓ（分量外）を沸かし、沸騰したら塩小さじ2（分量外）を入れ、スパゲッティを加え、パッケージの表示時間より1分短くゆでる。

2 マッシュルームは根元を少し切り落とし、縦4等分に切る。生ハムは4等分に切る。

3 別のフライパンにオリーブオイル大さじ1を中火で熱し、2のマッシュルームを並べ入れ、2〜3分焼く。

4 1の湯を軽くきって加え、A、残りのオリーブオイルも加え、汁けをスパゲッティに吸わせながらからめる。器に盛り、生ハム、青じそをのせる。

バタポンだれ
3 : 1
ポン酢しょうゆ ： バター

これで決まり！

鶏手羽中はそのまま焼くよりも表裏に切り込みを1本ずつ入れてから焼くと、素早く火が通り、たれもよくからみます。

調味料はこの 2つだけ!
手羽中のバタポン焼き

焼く

材料（2〜3人分）

鶏手羽中 …… 10〜12本
サラダ油 …… 大さじ1
A　バター …… 大さじ1（約12g）
　　ポン酢しょうゆ …… 大さじ2（約36g）

作り方

1. 手羽中は水けを拭き、表裏に1本ずつ切り込みを入れる。

2. フライパンにサラダ油を中火で熱し、手羽中を入れて両面を2〜3分ずつ焼く。全体に焼き色がついたら、ふたをして弱めの中火で2分ほど蒸し焼きにする。

3. 余分な脂を拭き取り、Aを加えて火を強め、全体にたれをからめる。

79

和の味つけ

薄力粉のコーティングが成功のコツ
鮭と長いものバタポンソテー

材料（2人分）

生鮭 …… 大2切れ
長いも …… 100g
塩、こしょう、薄力粉 …… 各適量
サラダ油 …… 大さじ1
A｜ バター …… 大さじ1と½（約18g）
　｜ ポン酢しょうゆ …… 大さじ3（約54g）

作り方

1. 鮭は水けを拭いて軽く塩、こしょうをふり、薄力粉を薄くまぶす。長いもは皮をむき、1cm幅の半月切りにする。

2. フライパンにサラダ油を中火で熱し、1を盛りつけるときに上になるほうを下にして入れ、2～3分焼く。焼き色がついたら裏返し、鮭の横に長いもを入れて塩少々をふり、両面を3～4分焼く。

3. 2のフライパンの余分な脂を拭き取り、Aを加えて火を強め、全体にからめる。

バタポンだれ

3 : 1
ポン酢しょうゆ　バター

ポン酢はあとから加えて
かぶとベーコンのバタポン蒸し

[レンチン]

材料(2人分)

かぶ …… 2個
スライスベーコン ……2枚
塩、こしょう …… 各適量
バター …… 大さじ1(約12g)
ポン酢しょうゆ …… 大さじ2(約36g)

作り方

1　かぶは茎を少し残して皮をむき、8等分に切る。ベーコンは3cm幅に切る。

2　耐熱容器に1のかぶを並べ入れて軽く塩、こしょうをふり、ふんわりとラップをかけて電子レンジで3分加熱する。ラップをはずしてベーコンを加えてあえ、バターをのせてラップをかけて同様に30秒〜1分加熱し、そのまま1分蒸らす。

3　器に2を盛り、ポン酢しょうゆをかける。

和の味つけ

極上ポン酢だれ

3 : 1
ポン酢しょうゆ　　砂糖

ポン酢しょうゆに砂糖を加えると、酢の酸味がやわらいでまろやかな味わいになります。お肉と一緒に煮つめるとコクが増します。お魚や野菜とさっとあえてレンチンしてもワンランク上のおいしさを楽しめます。

ラスト5分で味がしみる！
鶏もものポン酢煮

煮る

材料（2～3人分）

- 鶏もも肉 …… 大1枚（350g）
- A｜ポン酢しょうゆ …… 大さじ4
  　｜砂糖 …… 小さじ4
  　｜水 …… 大さじ4
- 小ねぎ（小口切り）…… 2～3本

作り方

1. 鶏肉は余分な脂肪と筋を取り、厚みがある部分はできるだけ均一にする。

2. 直径約20cmの鍋にAを入れてよく混ぜ、1を全体にからめてから皮目を下にして入れる。中火にかけ、煮立ったらふたをして弱めの中火で12分煮て火を止める。

3. 肉の上下を返し、そのまま5分おく。食べやすい厚さに切って器に盛り、小ねぎをちらす。

ほったらかしなのに
最高の仕上がり♡

これで決まる！

鍋の中で煮汁を鶏肉にからめてから皮目を下にして蒸し煮にします。鍋の大きさは鶏肉1枚がちょうど入る直径20cmくらいがベスト。

和の味つけ

たれにうまみが濃縮されている
牛肉と玉ねぎのポン酢炒め

炒める

材料（2人分）

牛切り落とし肉 …… 200g
玉ねぎ …… ½個
塩、粗びき黒こしょう、薄力粉 …… 各適量
サラダ油 …… 大さじ1
A ポン酢しょうゆ …… 大さじ2
　 砂糖 …… 小さじ2

作り方

1. 玉ねぎは1cm幅のくし形切りにする。牛肉は大きければ食べやすい大きさに切り、軽く塩をふり、薄力粉を薄くまぶす。**A**は混ぜ合わせておく。

2. フライパンにサラダ油を中火で熱し、**1**の牛肉を炒める。肉の色が変わったら玉ねぎを加える。

3. 玉ねぎがしんなりしてきたら、**A**を加えて全体にからめながら炒め合わせる。器に盛り、粗びき黒こしょうをかける。

極上ポン酢だれ

3 : 1
ポン酢しょうゆ　砂糖

レンジなのに極上の味!
たらと豆苗のポン酢蒸し

材料（2人分）
生だら …… 2切れ
豆苗 …… ½パック（200g）
A　ポン酢しょうゆ …… 大さじ3
　　砂糖 …… 大さじ1
　　ごま油 …… 小さじ1
　　しょうが（すりおろし） …… 1かけ

レンチン

作り方
1　豆苗は長さを半分に切る。たらは水けを拭き、1切れを半分に切る。

2　耐熱容器にAを入れて混ぜ、1のたらにからめる。豆苗を広げてのせ、ふんわりとラップをかけて電子レンジで3分加熱し、そのまま2分蒸らす。

3　器に2を盛り合わせ、蒸し汁をかける。

思い立ったらすぐできる!
なすとツナのポン酢あえ

材料（2人分）
なす …… 2〜3個
ツナ油漬け缶 …… 小1缶（70g）
塩 …… 少々
ごま油 …… 大さじ1
A　ポン酢しょうゆ …… 大さじ2
　　砂糖 …… 小さじ2
　　ゆずこしょう（チューブ） …… 小さじ½〜1

レンチン

作り方
1　なすは縦半分に切ってから斜めに浅く切り込みを入れ、2cm幅に切る。ツナは缶汁を切り、身と缶汁に分けておく。

2　耐熱容器に1のなすを並べ入れ、塩、ごま油、1の缶汁を順にからめる。ふんわりとラップをかけ、電子レンジで4〜5分加熱する。Aは混ぜ合わせておく。

3　2のラップをはずして余分な水けをきり、ツナ、Aを加えてあえる。

85

Column 1

手作りつゆ3種

市販のつゆは手軽で便利ですが、おだしをきちんととった手作り天つゆ、つけつゆ、かけつゆはやはり格別。日持ちもするので時間があるときに作って冷蔵庫で保存するのがおすすめです。

冷蔵 4〜5日

おろし大根やおろししょうがを添えても
天つゆ

材料（できあがり量約280ml）

かつおと昆布だし汁 …… 1カップ（200ml）
しょうゆ …… 1/5カップ（40ml）
みりん …… 1/5カップ（40ml）

作り方

1. 鍋にすべての材料を入れて中火にかけ、煮立ったら火を止める。

ざるそばやざるうどん、そうめんに
つけつゆ

材料（できあがり量約600ml）

濃いめのだし汁 …… 2カップ（400ml）
しょうゆ …… 1/2カップ（100ml）
みりん …… 1/2カップ（100ml）

作り方

1. 鍋にすべての材料を入れて中火にかけ、煮立ったら火を止める。

冷蔵 4〜5日

冷蔵 4〜5日

かけそばやかけうどんに
かけつゆ

材料（できあがり量約600ml）

だし汁 …… 3カップ（600ml）
しょうゆ …… 大さじ1と1/2
みりん …… 大さじ1
砂糖 …… 小さじ1
塩 …… 小さじ1/3

作り方

1. 鍋にすべての材料を入れて中火にかけ、煮立ったら火を止める。

思ったよりかんたん！
かつおと昆布のだし汁

冷蔵 2〜3日

材料（できあがり量約750ml）

水 …… 1ℓ（1000ml）
板昆布 …… 10g
かつお節 …… ふたつかみ（20g）

作り方

1. 鍋に水、板昆布を入れ、弱火で10分煮る。
2. 1のアクを取り、かつお節を加え、1分煮て火を止める。
3. そのまま3分おき、キッチンペーパーを敷いたざるでこす。

Part

2

洋の味つけ

トマトケチャップやマヨネーズ、粒マスタード、カレー粉、顆粒コンソメなどをソースに使った人気の洋風おかずを厳選しました。さらにちょっとハードルが高そうなホワイトソースやカルパッチョソースでも、黄金比さえ覚えれば、失敗なく味がピタリと決まります。

洋 の味つけ

濃厚ケチャップソース

2 : 2 : 1

トマトケチャップ　　　　　　中濃ソース　　　　　　牛乳

トマトケチャップの酸味と中濃ソースのコクで濃厚な味わいになったところに、牛乳でさらにまろやかさもプラスします。そのままオムレツや目玉焼きにかけてもよし、煮つめてポークチャップや、鶏肉の煮込みなどに使ってもよしです。

ソースをとろりと煮つめるのがコツ
厚切り肉でポークチャップ

材料（2人分）

豚ロースとんかつ用肉 …… 2枚（260g）
玉ねぎ …… ½個
マッシュルーム（ブラウン）…… 4〜5個
塩、こしょう、薄力粉 …… 各適量
オリーブオイル …… 大さじ1
A　トマトケチャップ …… 大さじ2
　　中濃ソース …… 大さじ2
　　牛乳 …… 大さじ1
　　にんにく（すりおろし）…… 1かけ

作り方

1　豚肉は包丁の背でたたいて2cm幅に切り、長さがある所は半分に切る。強めに塩、こしょうをふり、薄力粉を薄くまぶす。玉ねぎは横に薄切りにし、マッシュルームは根元を少し切り、6等分くらいの薄切りにする。Aは混ぜ合わせておく。

2　フライパンにオリーブオイルを中火で熱し、1の豚肉を入れ、焼き色がつくまで3〜4分焼き、一度取り出す。

3　2に玉ねぎ、マッシュルームの順に加えて炒める。玉ねぎが透き通ってきたらAを加えて火を強め、とろりとしてきたら2の豚肉を戻し入れ、さっと炒め合わせる。

どこかなつかしさを感じる洋食屋の味！

これで決まる！

豚肉は包丁の背で両面をたたいてから切り分けます。肉質がやわらかくなり、ボリューム感も増します。

洋の味つけ

甘辛味に飽きたらぜひお試しを！
手羽中のケチャップ煮

材料（2〜3人分）

鶏手羽中 …… 12〜16本
サラダ油 …… 大さじ½
A｜水 …… ¼カップ（50ml）
　｜トマトケチャップ …… 大さじ2
　｜中濃ソース …… 大さじ2
　｜牛乳 …… 大さじ1
　｜にんにく（すりおろし）…… ½かけ
塩、こしょう …… 各適量

作り方

1 手羽中は水けを拭き、表裏に1本ずつ切り込みを入れる。

2 フライパンにサラダ油を中火で熱し、1を皮目から入れ、両面に焼き色がつくまで焼く。

3 2のフライパンの余分な脂を拭き取り、Aを加えて混ぜる。煮立ったらふたをし、弱めの中火でときどき返しながら7分ほど蒸し煮にして、塩、こしょうで味をととのえる。

濃厚ケチャップソース

2 : 2 : 1
トマトケチャップ　中濃ソース　牛乳

このソースで「ホテルの朝食」に！
コンビーフオムレツ ケチャップソース

かける

材料（2人分）

A　卵 …… 3個
　　塩、こしょう …… 各少々
　　牛乳 …… 大さじ1
コンビーフ …… ½パック（40g）
溶けるチーズ …… 30g
サラダ油 …… 大さじ1

B　トマトケチャップ
　　…… 大さじ2
　　中濃ソース
　　…… 大さじ2
　　牛乳 …… 大さじ1

作り方

1　ボウルにAを入れて溶きほぐし、ほぐしたコンビーフ、溶けるチーズを加えてよく混ぜる。Bは混ぜ合わせておく。

2　フライパンにサラダ油を中火で熱し、1の卵液を流し入れ、大きく混ぜて半熟状になったらオムレツ形に整える。器に盛り、Bをかける。

お弁当の定番おかずです
大豆とウインナーの ケチャップ炒め

炒める

材料（2人分）

大豆水煮（ドライパック）…… 2パック（100g）
ウインナー …… 3本
ホールコーン缶 …… ½缶（60g）
オリーブオイル …… 小さじ2
A　トマトケチャップ …… 大さじ1
　　中濃ソース …… 大さじ1
　　牛乳 …… 大さじ½
　　塩、こしょう …… 各少々

作り方

1　ウインナーは8mm幅の輪切りにする。コーンは缶汁をきる。Aは混ぜ合わせておく。

2　フライパンにオリーブオイルを中火で熱し、1のウインナーを炒める。少し焼き色がついたら大豆水煮、コーンを加えて1分ほど炒める。

3　2にAを加え、全体にさっと煮からめる。

洋の味つけ

ケチャマヨソース（オーロラソース）

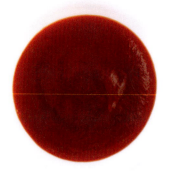

2 : 1

マヨネーズ　　　トマトケチャップ

マヨネーズ好きにはぜひ作ってほしいアレンジソース。別名オーロラソースとも言います。クリーミーなマヨネーズにケチャップの酸味とコクが加わって食欲をそそる味わいに。にんにくを少しプラスするとさらに味に奥行きが出ます。

クリーミーで食が進む！

鶏むねとまいたけの
ケチャマヨ炒め

炒める

材料（2人分）

鶏むね肉 …… 1枚（300g）
まいたけ …… 小1パック
塩、こしょう、薄力粉 …… 各適量
サラダ油 …… 大さじ1
A　マヨネーズ …… 大さじ3
　　トマトケチャップ …… 大さじ1と1/2
　　にんにく（すりおろし）…… 1/2かけ

作り方

1. まいたけは手で大きめにさく。鶏肉はフォークで全体を刺し、1cm厚さのそぎ切りにし、強めに塩、こしょうをふり、薄力粉を薄くまぶす。Aは混ぜ合わせておく。

2. フライパンにサラダ油を中火で熱し、1の鶏肉を入れて3分ほど焼く。焼き色がついたら裏返し、鶏肉の横にまいたけを加え、2分ほど焼く。

3. 全体を混ぜ、2のフライパンの中央をあけてAを加える。少し火を強めて全体にからめながらさっと炒め合わせる。器に盛り、お好みでドライパセリをかける。

鶏むね肉がこの上なく
しっとりやわらかい♡

これで決まる！

鶏むね肉は包丁の刃を斜めに寝かせ、繊維を断ち切るようにして手前にそぐように切ります。断面積が増えて火の通りが早くなり、パサつきにくくなります。

ひと呼吸おいてからソースとからめて
えびのケチャマヨあえ

あえる

材料（2人分）

むきえび …… 250g
塩、こしょう …… 各適量
片栗粉 …… 大さじ2
サラダ油 …… 大さじ1
A｜マヨネーズ …… 大さじ4
　｜トマトケチャップ …… 大さじ2
　｜ごま油 …… 小さじ1
　｜にんにく（すりおろし・チューブ）…… 小さじ1
フリルレタス …… 2〜3枚

作り方

1. ボウルにAを入れてよく混ぜ合わせておく。

2. えびは背わたがあれば取り、塩もみ（分量外）して洗い、水けを拭く。軽く塩、こしょうをふり、片栗粉をまぶす。

3. フライパンにサラダ油を中火で熱し、2を並べて全体がカリッとするまで3〜4分焼く。粗熱がとれたら1に加えてさっくりとあえる。フリルレタスを敷いた器に盛りつける。

根菜のうまみとソースがマッチ
れんこんのケチャマヨあえ

材料（2人分）

れんこん …… 200g
サラダ油 …… 大さじ1
A　マヨネーズ …… 大さじ2
　　トマトケチャップ …… 大さじ1
塩、こしょう …… 各少々

作り方

1. れんこんは皮をむき、5mm厚さのいちょう切りにし、さっと洗って水けをきる。Aは混ぜ合わせておく。

2. フライパンにサラダ油を中火で熱し、1のれんこんを入れ、塩、こしょうをして2〜3分炒める。全体に少し焼き色がついたら、火を止めてAを加えてあえる。

火を使わずにすぐできる！
ゆで卵とブロッコリーのケチャマヨサラダ

材料（2人分）

ゆで卵 …… 2個
ブロッコリー …… 1/2株
A　マヨネーズ …… 大さじ3
　　トマトケチャップ …… 大さじ1と1/2
　　にんにく（すりおろし・チューブ）…… 小さじ1

作り方

1. ブロッコリーは小房に分ける。耐熱皿に並べて水大さじ1、塩少々（いずれも分量外）をふり、ふんわりとラップをかけ、電子レンジで3分加熱する。

2. ゆで卵は殻をむき、縦4等分に切る。Aは混ぜ合わせておく。

3. 器に水けをきった1、2のゆで卵を盛り合わせ、Aをかける。

95

洋 の味つけ

ホワイトソース

10 : **1** : **1**

牛乳　　　　バター　　　薄力粉

手作りのホワイトソースは面倒なイメージがあるかもしれませんが、2～3人分ならレンジだけで5分程度で作れます。バターと薄力粉を混ぜて40秒～1分加熱。手早く混ぜて牛乳を少しずつ加えたら、1分30秒～2分加熱。よく混ぜてさらに1分～2分30秒混ぜれば完了です。

マカロニはやわらかめにゆでるとおいしい！
えびときのこのマカロニグラタン

材料（2～3人分）

- むきえび …… 150g
- しめじ …… 1パック（100g）
- マッシュルーム（ホワイト） …… 4個
- 玉ねぎ …… ½個
- マカロニ（早ゆで4分）…… 60g
- バター …… 40g
- 薄力粉 …… 40g
- 牛乳 …… 2カップ（400㎖）
- 塩 …… 小さじ⅓
- こしょう …… 少々
- サラダ油 …… 大さじ1
- 溶けるチーズ …… 80g

作り方

1. 耐熱容器にバター、薄力粉を入れ、ラップをかけずに電子レンジで50秒～1分加熱する。取り出して泡立て器で手早く混ぜ、牛乳を少しずつ加えて混ぜ、同様に2分加熱する。もう一度取り出してよく混ぜ、同様に2分～2分30秒加熱する。よく混ぜて塩、こしょうで味をととのえる。

2. えびは背わたがあれば取り、塩もみ（分量外）して洗い、水けをきる。しめじは根元を切り落とし、手でほぐす。マッシュルームは根元を少し切り、縦5～6等分に切る。玉ねぎは7㎜幅のくし形切りにする。

3. フライパンにサラダ油を中火で熱し、1の玉ねぎ、きのこの順に入れて炒める。玉ねぎが透き通ってきたら、えびを加えて2～3分炒めて一度火を止める。

4. 鍋に湯（分量外）を沸かし、沸騰したら塩（分量外）を入れてマカロニを加え、パッケージの表示時間より2～3分長めにゆでて水けをきる。3に加えて混ぜ、1も加えてあえる。

5. 耐熱皿にバター適量（分量外）を塗り、4を入れて溶けるチーズをちらす。オーブントースターで7～10分焼く。

ミルキーな
手作りソースは
やっぱり格別!

これで決まる!

バターと薄力粉をレンジ加熱して手早く混ぜたら、牛乳を少しずつ加えてスピーディーに混ぜていきます。ここでしっかり混ぜておくとダマにならず、なめらかなソースになります。

洋の味つけ

かぼちゃの甘みが最高♡
チキンとかぼちゃのグラタン

材料（2人分）

- 鶏もも肉 …… 小1枚(200g)
- かぼちゃ …… 1/8個(正味150g)
- 玉ねぎ …… 1/2個
- バター …… 30g
- 薄力粉 …… 30g
- 牛乳 …… 1と1/2カップ(300mℓ)
- 塩 …… 小さじ1/4
- こしょう …… 少々
- サラダ油 …… 大さじ1
- 溶けるチーズ …… 60g

作り方

1. 耐熱容器にバター、薄力粉を入れ、ラップをかけずに電子レンジで1分加熱する。取り出して泡立て器で手早く混ぜ、牛乳を少しずつ加えて混ぜ、同様に2分加熱する。もう一度取り出してよく混ぜ、同様に1分30秒〜2分加熱する。よく混ぜて塩、こしょうを加えて味をととのえる。

2. かぼちゃは1cm角に切って耐熱容器に並べ、水大さじ1（分量外）をふる。ふんわりとラップをかけ、電子レンジで3〜4分加熱する。玉ねぎは1.5cm四方に切る。

3. 鶏肉は余分な脂肪と筋を取り、小さめのひと口大に切り、強めに塩（分量外）をふる。

4. フライパンにサラダ油を中火で熱し、3を入れて炒める。肉の色が変わったら2の玉ねぎを加えて透き通るまで炒める。かぼちゃ、1のソースを加え、弱めの中火で1分ほど煮る。

5. 耐熱皿にバター適量（分量外）を塗り、4を入れて溶けるチーズをちらす。オーブントースターで7〜10分焼く。

ホワイトソース

10 : 1 : 1
牛乳　バター　薄力粉

ケチャップライスは混ぜるだけでOK！

ケチャップライスのシーフードドリア

材料（2人分）

- 冷凍シーフードミックス（いか・えび・あさり）…… 200〜250g
- 玉ねぎ …… ½個
- 温かいごはん …… 250g
- **A** トマトケチャップ …… 大さじ5
  オリーブオイル …… 大さじ½
  塩、こしょう …… 各適量
- バター …… 30g
- 薄力粉 …… 30g
- 牛乳 …… 1と½カップ（300mℓ）
- 塩 …… 小さじ¼
- こしょう …… 少々
- オリーブオイル …… 大さじ1
- 溶けるチーズ …… 60g

作り方

1 ボウルに温かいごはんを入れ、**A**を加えて混ぜ、耐熱皿に等分に入れておく。

2 シーフードミックスは解凍して水けを拭く。玉ねぎは縦に薄切りにする。

3 耐熱容器にバター、薄力粉を入れ、ラップをかけずに電子レンジで1分加熱する。取り出して泡立て器で手早く混ぜ、牛乳を少しずつ加えて混ぜ、同様に2分加熱する。もう一度取り出してよく混ぜ、同様に1分30秒〜2分加熱する。よく混ぜて塩、こしょうで味をととのえる。

4 フライパンにオリーブオイルを中火で熱し、2の玉ねぎ、シーフードミックスの順に2〜3分炒める。3のソースを加え、弱めの中火で1分ほど煮る。

5 1のケチャップライスに4をかけ、溶けるチーズをちらす。オーブントースターで7〜10分焼く。

99

洋の味つけ

ワンボウルで混ぜればOK！
サーモンとアスパラの
クリームパスタ

あえる

材料（2人分）

スパゲッティ（8分ゆで） ……200g	バター …… 30g
スモークサーモン ……80g	薄力粉 …… 30g
	牛乳 …… 1と½カップ（300㎖）
アスパラガス …… 3本	塩 …… 小さじ¼
	にんにく（すりおろし・チューブ）、こしょう …… 各少々

作り方

1. p.98の作り方1を参照してホワイトソースを作り、塩、こしょう、にんにくで味をととのえる。

2. アスパラガスは根元のかたい皮をピーラーでむき、斜め2cm幅に切る。スモークサーモンは食べやすい大きさに切る。

3. フライパンに湯1.2ℓ（分量外）を沸かす。沸騰したら塩小さじ2（分量外）を入れ、スパゲッティを加え、ゆで上がる2分前にアスパラガスを加えてパッケージの表示時間通りにゆでる。

4. 1のソースにスパゲッティのゆで汁大さじ3を加え、湯をきったスパゲッティ、アスパラガスを加えてあえる。スモークサーモンも加えてさっとあえる。

すぐに作れちゃうのにごちそう級
冷凍ポテトとベーコンの
グラタン

トースター

材料（2人分）

冷凍ポテト（波形カット） ……160g	塩 …… 小さじ¼
スライスベーコン …… 2枚	こしょう …… 少々
バター …… 20g	溶けるミックスチーズ …… 30g
薄力粉 …… 20g	
牛乳 …… 1カップ（200㎖）	

作り方

1. p.101の作り方1を参照してホワイトソースを作り、塩、こしょうで味をととのえる。

2. ベーコンは5mm四方に切り、1に混ぜておく。

3. 別の耐熱容器に冷凍ポテトを入れ、ラップをかけずに電子レンジで2分加熱し、塩、こしょう各少々（分量外）をふり、2に加えて混ぜる。

4. 耐熱皿にバター適量（分量外）を塗り、3を入れて溶けるチーズをのせる。オーブントースターで7～8分焼く。

ホワイトソース

10 : 1 : 1
牛乳　バター　薄力粉

みそ入りのホワイトソースはコクがあって新鮮!

チキンソテーきのこみそクリームソース

焼く

材料 (2人分)

鶏もも肉 …… 1枚(300g)
エリンギ …… 1本
塩、こしょう、薄力粉 …… 各適量
バター …… 20g
薄力粉 …… 20g
牛乳 …… 1カップ(200mℓ)
みそ …… 大さじ1
サラダ油 …… 大さじ1

作り方

1. 耐熱容器にバター、薄力粉を入れ、ラップをかけずに電子レンジで40秒加熱する。取り出して泡立て器でよく混ぜ、牛乳を少しずつ加えて混ぜ、同様に1分～1分30秒加熱する。もう一度取り出してよく混ぜ、同様に1分加熱する。さらによく混ぜ、みそを加えて混ぜる。

2. エリンギは縦半分に切ってから、縦8等分に切る。鶏肉は余分な脂肪と筋を取り、6等分に切る。軽く塩、こしょうをふり、薄力粉を薄くまぶす。

3. フライパンにサラダ油を中火で熱し、2の鶏肉を皮目から入れ、3～4分焼く。焼き色がついたら裏返し、2～3分焼いて器に盛る。

4. 3のフライパンにエリンギを加えて1～2分炒め、1のソースに加えて混ぜる。3の鶏肉にかけ、お好みでゆでブロッコリーを添える。

101

洋の味つけ

塩バターだれ

8 : 1
バター　　塩

バターのうまみを存分に味わうために、あえて余計な調味料は加えずに塩だけで調味してみたら、驚くほどリッチなたれになりました。煮ものや炒めものは仕上げに加えて、バターのツヤや風味を楽しみましょう。

煮る

ひき肉は豚ひきでも合いびきでもOK！
鶏ひきとじゃがいもの塩バター煮

材料（2人分）

鶏ひき肉 …… 150g
じゃがいも …… 2個
玉ねぎ …… 1/2個
にんにく（粗みじん切り）…… 1かけ
バター …… 大さじ3と1/3（約40g）
A｜水 …… 1と1/2カップ（300mℓ）
　｜塩 …… 小さじ1

作り方

1　じゃがいもはひと口大に切り、水にさっとさらして水けをきる。玉ねぎは2cm幅のくし形切りにする。

2　フライパンに半量のバターを中火で溶かし、ひき肉を入れてヘラで押さえながら炒める。少し焼き色がついたらじゃがいも、にんにく、玉ねぎの順に加えて炒める。

3　全体に油がまわったらAを加えて混ぜ、煮立ったらアクを取る。ふたをして弱めの中火で8〜10分煮て、仕上げに残りのバターを溶かして火を止める。器に盛り、お好みで粗びき黒こしょうをかける。

バターのコクで
満足感アップ！

これで決まる！

鶏ひき肉はヘラで押さえて焼き色をつけながら火を通します。この焼き色こそがうまみの素となり、おいしさアップにつながります。

洋の味つけ

ツヤツヤでバターの風味たっぷり

豚肉とキャベツの塩バター炒め

材料（2人分）

豚切り落とし肉 …… 180g
キャベツ …… 1/6個
サラダ油 …… 大さじ1
にんにく（すりおろし）…… 1/2かけ
バター …… 大さじ1（約12g）
塩 …… 小さじ1/4
こしょう …… 少々

作り方

1. キャベツはざく切りにする。豚肉は大きければ食べやすい大きさに切る。

2. フライパンにサラダ油、にんにくを入れて弱めの中火にかけ、香りが出たら豚肉を炒める。肉の色が変わったら、キャベツを加えて炒める。

3. 全体に油がまわったら、バター、塩、こしょうを加えて炒め合わせる。

塩バターだれ	
8 : 1	
バター	塩

魅惑の組み合わせ♡
長いもの青のり塩バター炒め

炒める

材料（2人分）

長いも …… 180〜200g	バター …… 大さじ1（約12g）
片栗粉 …… 大さじ2	塩 …… 小さじ¼
サラダ油 …… 大さじ1	青のり粉 …… 小さじ1

作り方

1. 長いもは皮をむいて5cm長さ、1.5cm角の拍子木切りにする。ポリ袋に入れ、片栗粉をまんべんなくまぶす。

2. フライパンにサラダ油を入れて弱めの中火で熱し、1を炒める。

3. カリッとして焼き色がついたら、フライパンを拭き、バター、塩、青のり粉を加えてからめる。

シンプルイズベスト！
緑野菜のホットサラダ

かける

材料（2人分）

アスパラガス …… 4本	バター …… 大さじ2弱（約20g）
スナップえんどう …… 12〜14さや	A 塩 …… 小さじ½
ブロッコリー …… 6〜8房	水 …… 小さじ2
	レモン汁 …… 小さじ1

作り方

1. アスパラガスは根元のかたい皮をピーラーでむき、4cm長さに切る。スナップえんどうは筋とへたを取り、斜め半分に切る。

2. 鍋に湯を沸かし、沸騰したら塩適量（分量外）を加える。スナップえんどうは2分〜2分30秒、アスパラガス、ブロッコリーは1分30秒〜2分ゆで、水けをきって器に盛りつける。

3. 耐熱容器にバターを入れ、ラップをかけずに電子レンジで20秒加熱する。熱いうちにAを加えて混ぜ、2にかける。

洋の味つけ

カルパッチョソース

12 : **6** : **2** : **1**
オリーブオイル : 酢 : 砂糖 : 塩

カルパッチョソースは、酢に砂糖、塩をよく溶かしてからオイルを加えること！ ソースに一体感が出て極上の味わいになります。酢はレモン汁に替えてもOK！ にんにくやアンチョビ、ドライバジルをちょい足しすれば、バリエーションも広がります。

シンプルだけど悶絶するほどおいしい！
たいと生ハムのカルパッチョ

かける

材料（2人分）

たい（刺身用）…… 1さく（150g）
生ハム …… 5枚
ベビーリーフ …… 適量
A　砂糖 …… 小さじ1
　　塩 …… 小さじ½
　　酢 …… 大さじ1
　　にんにく（すりおろし・チューブ）
　　　…… 少々
　　オリーブオイル …… 大さじ2

作り方

1　ボウルにAの材料を上から順に入れ、そのつどよく混ぜ合わせておく。

2　たいは薄めのそぎ切りにする。生ハムは3等分に切る。

3　器にたいと生ハムを交互に並べ、中央にベビーリーフを盛り、1をまわしかける。

ソースの黄金比を覚えればレパートリーが広がる！

これで決まる！

オイルを先に加えると分離して味が決まりません。まず、酢に砂糖と塩がしっかり溶けるまで混ぜてから、オイルを少しずつ加えて白っぽくなるまで混ぜ、乳化させます。

洋の味つけ

おもてなしにもぴったり♡
サーモンのレモンカルパッチョ

かける

材料（2人分）
サーモン（刺身用）…… 1さく（180g）
紫玉ねぎ（または玉ねぎ）…… ¼個
A │ 砂糖 …… 小さじ1
　│ 塩 …… 小さじ½
　│ レモン汁（または酢）…… 大さじ1
　│ にんにく（すりおろし・チューブ）…… 少々
　│ オリーブオイル …… 大さじ2

作り方
1. ボウルにAの材料を上から順に入れ、そのつどよく混ぜ合わせておく。
2. サーモンは薄めのそぎ切りにする。紫玉ねぎは薄切りにし、水にさらして水けをきる。
3. 器にサーモンを並べ、玉ねぎをちらす。1をまわしかける。

とろとろのなすの食感が格別
レンジなすのカルパッチョ

レンチン

材料（2人分）
なす …… 3個
A │ 砂糖 …… 小さじ1
　│ 塩 …… 小さじ½
　│ 酢 …… 大さじ1
　│ アンチョビフィレ（細かく刻む）…… 1切れ
　│ にんにく（すりおろし・チューブ）…… 少々
　│ オリーブオイル …… 大さじ2

作り方
1. なすはピーラーで皮をむく。ボウルに水を張り、軽くもんで水分を含ませ、ラップで包む。耐熱皿に並べ、電子レンジで5分加熱する。そのまま冷水にさらして粗熱をとる。
2. ボウルにAの材料を上から順に入れ、そのつどよく混ぜ合わせておく。
3. 1のラップをはずして水けを拭く。縦4等分に切り、ラップをのせて手で押しつぶして平たくする。バットに並べ、2をまわしかけて冷蔵庫で30分ほどおく。

カルパッチョソース

12 : 6 : 2 : 1
オリーブオイル : 酢 : 砂糖 : 塩

カラフルな見た目が食欲をそそる
トマトとアボカドのチーズマリネ

`漬ける`

材料（2人分）

トマト …… 1個(200g)	A 砂糖 …… 小さじ1
アボカド …… 1個	塩 …… 小さじ½
モッツァレラチーズ …… 1個	酢 …… 大さじ1
	オリーブオイル …… 大さじ2

作り方

1 ボウルにAの材料を上から順に入れ、そのつどよく混ぜ合わせておく。

2 トマトは1.5cm角に切る。モッツァレラチーズは水けをふき、1.5cm角に切る。アボカドは種と皮を取り、1.5cm角に切る。

3 1に2を加えてさっくりとあえ、冷蔵庫で5分ほどおく。

コンビニでも人気のイタリアン惣菜
たことじゃがいものバジルマリネ

`漬ける`

材料（2人分）

ゆでたこの足(刺身用) …… 120g	A 砂糖 …… 小さじ1
じゃがいも …… 2個	塩 …… 小さじ½
	酢 …… 大さじ1
	にんにく（すりおろし・チューブ）…… 小さじ1
	ドライバジル …… 大さじ½
	オリーブオイル …… 大さじ2

作り方

1 じゃがいもは小さめのひと口大に切り、さっと水にさらす。水をつけたまま耐熱皿に並べ、塩少々（分量外）をふり、ふんわりとラップをかけ、電子レンジで5分加熱する。

2 たこは小さめのひと口大に切る。

3 ボウルにAの材料を上から順に入れ、そのつどよく混ぜ合わせておく。1、2を加えてあえ、冷蔵庫で10分ほどおく。

洋の味つけ

粒マスタードマヨソース

9 : 3 : 1 : 1

マヨネーズ　粒マスタード　はちみつ　しょうゆ

ピリッとした粒マスタードとはちみつの甘さが奏でる複雑な味わいがクセになります。マヨネーズがおいしくまとめてくれるので、ごはんにもパンにも驚くほどマッチ！カフェで食べるようなオシャレなおかずもこのソースならかんたんに決まります。

むね肉はフォークでよく刺してから焼きます

鶏むねのソテー 粒マスタードマヨソース

焼く

材料 (2人分)

鶏むね肉 …… 小2枚 (400g)
塩、こしょう、薄力粉 …… 各適量
サラダ油 …… 大さじ1
白ワイン …… 大さじ1
A　マヨネーズ …… 大さじ3
　　粒マスタード …… 大さじ1
　　はちみつ …… 小さじ1
　　しょうゆ …… 小さじ1

作り方

1　鶏肉は室温にもどす。フォークで全体を細かく刺し、強めに塩、こしょうをして薄力粉を薄くまぶす。

2　フライパンにサラダ油を弱めの中火で熱し、鶏肉を皮目を下にして並べ入れ、ふたをして5分蒸し焼きにする。こんがりと焼き色がついたら上下を返し、白ワインをふって再びふたをし、弱火で5分蒸し焼きにする。火を止め、ふたをしたまま5分おき、器に盛る。

3　2のフライパンにAを入れて混ぜる。中火にかけてとろりとしてきたら、2の肉にかけ、お好みでカットサラダ野菜を添える。

皮はパリパリ！
中は超しっとり♡

これで決まる！
鶏肉は皮目にしっかり焼き色がつくまで焼いてください。あとは弱火で蒸し焼きにし、火を止めて5分おくだけ。この焼き加減でソースとの相性がレベルアップ！

ふっくら卵とソースをからめて
えびと卵の粒マスタードマヨ炒め

材料（2人分）

むきえび …… 200g
A | 卵 …… 2個
　| マヨネーズ …… 大さじ1
　| 塩、こしょう …… 各少々
塩、こしょう、薄力粉 …… 各適量
オリーブオイル …… 大さじ1と½
B | マヨネーズ …… 大さじ2
　| 粒マスタード …… 大さじ1
　| はちみつ …… 小さじ1
　| しょうゆ …… 小さじ1
　| 水 …… 大さじ1

作り方

1 えびは背わたがあれば取り、塩もみ（分量外）して洗い、水けを拭く。軽く塩、こしょうをふり、薄力粉を薄くまぶす。Aは混ぜて溶きほぐし、Bは混ぜ合わせておく。

2 フライパンにオリーブオイル大さじ1を熱し、1の卵液を流し入れる。半熟状になったら大きくかき混ぜ、一度取り出す。

3 2のフライパンに残りのオリーブオイルを足し、1のえびを入れて2〜3分炒める。Bを加えて全体にからめ、2の卵を加えてさっとあえる。

粒マスタードマヨソース

マヨネーズ : 粒マスタード : はちみつ : しょうゆ
9 : 3 : 1 : 1

玉ねぎは合わせ調味料で先にあえて
大人のマカロニサラダ

あえる　冷蔵 4〜5日

材料（作りやすい分量）

マカロニ（4分ゆで） …… 100g
玉ねぎ …… 1/2個
スライスハム …… 3枚

A　粒マスタード …… 大さじ1
　　はちみつ …… 小さじ1
　　しょうゆ …… 小さじ1
　　マヨネーズ …… 大さじ3

作り方

1. 玉ねぎは縦半分に切ってから繊維に垂直に薄切りにし、塩少々（分量外）でもんでから水で洗い、水けをきる。ハムは半分に切ってから斜め細切りにする。

2. ボウルにAを入れて混ぜ合わせ、1の玉ねぎを加えてあえておく。

3. 鍋に湯1ℓ（分量外）を沸かし、沸騰したら塩小さじ1（分量外）を入れ、マカロニを加えてパッケージの表示時間通りにゆでる。ゆであがったら湯をきり、2に加えてあえる。粗熱がとれたら、1のハム、マヨネーズを加えてあえる。

お魚おかずのレパートリーにぜひ！
鮭の粒マスタードマヨがらめ

焼く

材料（2〜3人分）

生鮭 …… 3切れ
塩、こしょう、薄力粉 …… 各適量

A　マヨネーズ …… 大さじ3
　　粒マスタード …… 大さじ1
　　はちみつ …… 小さじ1
　　しょうゆ …… 小さじ1
　　にんにく（すりおろし）…… 1/2かけ
　　水 …… 大さじ1
サラダ油 …… 大さじ1

作り方

1. 鮭は水けを拭いて骨を取り、3等分に切って軽く塩、こしょうをふり、薄力粉を薄くまぶす。Aは混ぜ合わせておく。

2. フライパンにサラダ油を中火で熱し、1の鮭を皮目から焼く。2〜3分焼いて焼き色がついたら裏返し、同様に2〜3分焼く。

3. 2の余分な脂を拭き取り、Aを加えて焦がさないように全体にからめる。お好みでちぎったパセリも加えてさっとからめる。

113

洋の味つけ

粒マスタードじょうゆソース

粒マスタード	:	しょうゆ	:	みりん
1	:	1	:	1

みりんの優しい甘さをベースにした甘辛味と粒マスタードが出会ったら、とても奥深い味わいになりました。汁けをとばしながら食材によくからめるとおいしさがグンとアップ。仕上げに粉チーズやバターを少しプラスするとリッチなコクが加わります。

奥行きのあるソースをたっぷりまとわせて

かじきのステーキプレート 粒マスタードじょうゆソース

焼く

材料（2人分）

かじき …… 3切れ
ブロッコリースプラウト
　…… 1パック
塩、こしょう、薄力粉 …… 各適量
サラダ油 …… 大さじ1
A｜粒マスタード …… 大さじ2
　｜しょうゆ …… 大さじ2
　｜みりん …… 大さじ2
　｜にんにく（すりおろし）…… 1かけ
温かいごはん …… 400g

作り方

1　かじきは水けを拭いて3cm四方に切り、塩、こしょうをふって薄力粉を薄くまぶす。ブロッコリースプラウトは根元を切り落とし、長さを半分に切る。Aは混ぜ合わせておく。

2　フライパンにサラダ油を中火で熱し、1のかじきを入れ、両面合わせて3〜4分焼く。

3　かじきに焼き色がついたら余分な脂を拭き取る。Aを加え、少し火を強めて煮立たせ、全体に煮からめる。

4　器にごはんを盛り、3をのせてブロッコリースプラウトを添える。

おしゃれな
ワンプレートごはん！

これで決まる！

かじきに塩、こしょうをしたら、薄力粉をまんべんなくまぶしてください。うまみが閉じ込められてジューシーに仕上がり、ソースもよくからみます。

洋の味つけ

これで決まり！

手羽元は味がしみ込みにくいので、骨にそって包丁で切り込みを入れて開き、フォークで全体を刺してからソースに漬け込んでください。

漬ける

仕上げのバターでコクがアップ
手羽元の粒マスタードじょうゆ漬け焼き

材料（作りやすい分量）

鶏手羽元 …… 8本
サラダ油 …… 大さじ1
A │ 粒マスタード …… 大さじ3
　│ しょうゆ …… 大さじ3
　│ みりん …… 大さじ3
バター …… 5g

作り方

1. 手羽元は水けを拭き、骨にそって切り込みを入れて開き、フォークで全体を刺す。ジッパー付き保存袋に入れ、Aを加えてもみ込み、袋の口を閉じて冷蔵庫で3時間〜ひと晩おく。

2. フライパンにサラダ油を入れ、1を汁けをきって並べ入れ、漬け汁はとっておく。中火で熱して全体に焼き色がつくまで焼く。

3. 焼き色がついたらふたをし、弱火でときどき上下を返しながら10分蒸し焼きにする。仕上げにバター、漬け汁を加え、中火で1分ほど煮からめる。

粒マスタードじょうゆソース

粒マスタード : しょうゆ : みりん = 1 : 1 : 1

汁けをとばしてしっかりした味わいに

牛肉とブロッコリーの粒マスタードじょうゆ炒め

炒める

材料（2人分）

牛切り落とし肉 …… 180g
ブロッコリー …… 大1/2株
塩、こしょう …… 各適量
薄力粉 …… 大さじ1/2
サラダ油 …… 大さじ1
A｜粒マスタード …… 大さじ1
　｜しょうゆ …… 大さじ1
　｜みりん …… 大さじ1
粉チーズ …… 大さじ1

作り方

1. ブロッコリーは小房に分け、茎はかたい皮をむき、食べやすい大きさに切る。牛肉は大きければ食べやすい大きさに切り、軽く塩、こしょうをふり、薄力粉をもみ込む。Aは混ぜ合わせておく。

2. フライパンに1のブロッコリー、塩、サラダ油各少々、水大さじ2（いずれも分量外）を入れる。弱めの中火でふたをして2分蒸し焼きにして一度取り出す。

3. 2のフライパンの水けを拭き、サラダ油を中火で熱し、1の牛肉を炒める。肉の色が変わったら、2のブロッコリーを戻し入れて混ぜ、Aを加えて汁けをとばしながら炒め合わせる。器に盛り、粉チーズをかける。

洋の味つけ

> 塩麹オイルソース

2 : 1 : 1

塩麹　　酢　　オリーブオイル

塩麹と酢のダブル作用でお肉をやわらかくする効果がバツグンです。豚肉や鶏肉を漬け込んでから火を通せば、中までしっかりと味が入ったふっくらやわらかな仕上がりに。手軽に豆腐やゆで卵などを漬け込んでもおいしいです。

低温調理でパサつきとは無縁！

塩麹ローストポーク

漬ける

材料（作りやすい分量）

豚肩ロースかたまり肉 …… 500g
パプリカ（赤）…… 1個
ズッキーニ …… 小1本
A　塩麹 …… 大さじ3
　　酢 …… 大さじ1と½
　　にんにく（すりおろし）…… 大1かけ
　　こしょう …… 少々
　　オリーブオイル …… 大さじ1と½
レモン汁 …… 大さじ½

作り方

1. 豚肉はフォークで全体を刺す。ジッパー付き保存袋に入れ、Aを順に加えてもみ混ぜ、袋の口を閉じて冷蔵庫でひと晩以上おく。

2. 焼く前に1の肉を室温にもどしておく。オーブンは150℃に予熱する。パプリカは大きめの乱切りにする。ズッキーニは1.5cm幅の輪切りにする。

3. 2の袋から豚肉を取り出し、漬け汁はとっておく。フライパンに入れて中火で全体に焼き色がつくまで4〜5分焼く。

4. オーブンの天板にオーブンシートを敷き、3の豚肉、2の野菜をのせる。野菜に塩少々、オリーブオイル適量（いずれも分量外）をふり、150℃のオーブンで50分〜1時間焼く。肉は取り出してアルミホイルで包み、30分休ませる。

5. 3の漬け汁をフライパンに入れ、中火で1〜2分煮つめる。火を止めてレモン汁を加えて混ぜ、ソースにする。アルミホイルから豚肉を取り出し、食べやすい大きさに切り分けて器に盛り、4の野菜、ソースを添える。

塩麹と酢のおかげで
お肉がとろうま

これで決まる！

保存袋に豚肉を入れ、ソースの材料を上から順に加えて袋の上からしっかりもみ混ぜてマリネしてください。うまみが凝縮され、お肉がやわらかくなります。

洋の味つけ

これで決まる！

鶏むね肉全体にソースがまんべんなく行き渡るよう、できるだけ袋の空気を抜いてから口を閉じるようにしてください。

中までしっかり味が入ってる！
塩麹サラダチキン

漬ける　冷蔵3〜4日

材料（作りやすい分量）

鶏むね肉 …… 1枚（350g）
A　塩麹 …… 小さじ4
　　酢 …… 小さじ2
　　オリーブオイル …… 小さじ2
　　粗びき黒こしょう …… 小さじ½

作り方

1　鶏肉はフォークで全体を細かく刺す。耐熱製のポリ袋に入れ、Aを加えてもみ混ぜ、袋の口を閉じて冷蔵庫で3時間〜ひと晩おく。

2　1を加熱する前に室温にもどしておく。

3　鍋に肉がつかる程度の湯（分量外）を沸かし、沸騰したら2を袋のまま入れ、弱火で5分ほど煮て止める。ふたをして1時間そのままおく。

4　袋から肉を取り出して汁けをきり、食べやすい大きさに切る。器に盛り、お好みでベビーリーフを添える。

塩麹オイルソース

2 : 1 : 1
塩麹　酢　オリーブオイル

漬け込み時間が長いほどチーズの食感に!
豆腐の塩麹オイル漬け

漬ける　冷蔵5日

材料（作りやすい分量）

木綿豆腐 …… 1丁(350g)
A｜塩麹 …… 大さじ2
　｜酢 …… 大さじ1
　｜オリーブオイル …… 大さじ1

作り方

1. 豆腐は横半分に切り、キッチンペーパーで包んで重しをし、冷蔵庫で2時間ほど水きりをする。

2. Aは混ぜ合わせておく。

3. ラップに2の1/4量をのせて広げ、1の半量をのせる。さらに2の1/4量をのせ、ラップでぴっちりと包む。残りも同様に作る。冷蔵庫で2日以上おく。

白ワインに合うおしゃれな前菜
ほたてとミニトマトのタルタル

あえる

材料（作りやすい分量）

ほたて（刺身用）…… 120g
ミニトマト …… 2個
ブラックオリーブ（ドライパック）…… 30g
A｜塩麹 …… 大さじ1
　｜酢 …… 大さじ1/2
　｜オリーブオイル …… 大さじ1/2
　｜にんにく（すりおろし・チューブ）…… 小さじ1
　｜こしょう …… 少々

作り方

1. ほたては1cm角に切る。ブラックオリーブ、ミニトマトは5～7mm角に切る。

2. ボウルにAを合わせて混ぜ、1のほたてを加えてあえてから、ブラックオリーブ、ミニトマトも加えてあえる。器に盛ってお好みでドライパセリをかけ、スライスしたバゲットを添える。

121

洋の味つけ

コンソメじょうゆソース

2 : 1 : 1

酒 ： 顆粒コンソメ ： しょうゆ

万能調味料のコンソメを軸にした、とても食べやすい味つけです。お肉を漬けて焼いたり、野菜炒めの味つけにしたり、炊き込みごはんやパスタソースとしても大活躍します。オリーブオイルやにんにく、バターなどでアレンジは無限大。

ゆでる

具材はしいたけだけでいい！

しいたけのコンソメじょうゆパスタ

材料（2人分）

スパゲッティ（8分ゆで）…… 200g
しいたけ …… 6個
にんにく（みじん切り）…… 1かけ
オリーブオイル …… 大さじ3
酒 …… 大さじ1
A 顆粒コンソメスープの素 …… 大さじ½
　　しょうゆ …… 大さじ½
　　こしょう …… 少々
小ねぎ（小口切り）…… 1〜2本

作り方

1. フライパンに湯1.2ℓ（分量外）を沸かし、沸騰したら塩小さじ2（分量外）を入れてスパゲッティを加え、パッケージの表示時間より1分短くゆでる。

2. しいたけは石づきを取り、縦4等分に切る。

3. 別のフライパンにオリーブオイル大さじ2、にんにくを入れ、弱めの中火にかける。香りが出てきたら2を加えて1分ほど炒め、酒、1のゆで汁大さじ2を加え、ふたをして2分ほど蒸し焼きにする。

4. 3に湯をきったスパゲッティを加えて混ぜ、A、残りのオリーブオイルを加えて全体にからめる。器に盛り、小ねぎをちらす。

至高のパスタが
ついに誕生！

これで決まる！

しいたけは酒とスパゲッティの蒸し汁を加えて蒸し焼きにします。食感がとろりとなるうえ、しいたけのうまみが引き出され、極上のパスタになります。

洋の味つけ

かんたんすぎておいしすぎ！
手羽中のガーリックコンソメ焼き

焼く

材料（作りやすい分量）

鶏手羽中 …… 10〜12本
A 顆粒コンソメスープの素 …… 大さじ1/2
　　酒 …… 大さじ1
　　しょうゆ …… 大さじ1/2
　　にんにく（すりおろし）…… 1/2かけ
片栗粉 …… 大さじ3
オリーブオイル …… 大さじ2

作り方

1. 手羽中は水けを拭き、表裏に1本ずつ切り込みを入れる。ポリ袋にA、手羽中を入れてもみ混ぜ、5分以上おく。

2. 1の袋から手羽中を取り出し、片栗粉をまんべんなくまぶす。

3. フライパンにオリーブオイルを中火で熱し、2を皮目から入れる。ときどき上下を返しながら8〜10分焼く。

カリッと焼いた皮付きの長いもがごちそう
長いもとベーコンのコンソメじょうゆ炒め

コンソメじょうゆソース
酒 : 顆粒コンソメ : しょうゆ
2 : 1 : 1

材料（2人分）

長いも …… 200g
ブロックベーコン …… 70g
オリーブオイル …… 大さじ1
A　酒 …… 小さじ2
　　顆粒コンソメスープの素 …… 小さじ1
　　しょうゆ …… 小さじ1

作り方

1. 長いもはひげ根を取り、皮付きのまま1.5cm角に切る。ベーコンも1.5cm角に切る。

2. フライパンにオリーブオイルを中火で熱し、1の長いもを入れ、全体に焼き色がつくまで焼く。長いもの横にベーコンを入れて焼く。

3. 2にAを順に加え、全体に炒め合わせる。

大人も子どももきっと好き♡
ツナと玉ねぎの炊き込みごはん

材料（作りやすい分量）

白米 …… 2合
ツナ油漬け缶 …… 小2缶（140g）
玉ねぎ …… 1個
ホールコーン缶 …… 小1缶（60g）
A　顆粒コンソメスープの素 …… 大さじ1
　　酒 …… 大さじ2
　　しょうゆ …… 大さじ1

作り方

1. 米はといで炊飯器に入れ、2合の目盛りまで水（分量外）を注ぐ。30分吸水させ、大さじ6の水を捨てる。

2. 玉ねぎは6〜8等分のくし形切りにする。ツナ缶は缶汁と身に分ける。

3. 1にA、ツナの缶汁を加えて混ぜる。2のツナの身、玉ねぎ、コーンをのせ、普通モードで炊く。炊けたらさっくりと混ぜる。お好みでバターを混ぜる。

洋の味つけ

> なつかしカレーソース

3 : 3 : 2

カレー粉　　　ウスターソース　　　顆粒コンソメ

カレー粉の味つけは我流だと味がぼやけたり、なかなか決まらなかったりしますが、この割合を覚えると絶対においしいカレーソースになります。**このソースでさっと炒めたり、煮つめるだけのカレーも十分おいしいです。**

魚介は手早く火を通せばプリプリに！

シーフードミックスの炒めカレーピラフ

炒める

材料（2人分）

冷凍シーフードミックス（いか・えび・あさり）
　…… 200g
玉ねぎ …… 1/2個
パプリカ（赤）…… 1/2個
温かいごはん …… 400g
A｜カレー粉 …… 大さじ1
　｜ウスターソース …… 大さじ1
　｜顆粒コンソメスープの素 …… 小さじ2
　｜バター …… 10g
サラダ油 …… 大さじ1
塩、こしょう …… 各適量

作り方

1. シーフードミックスは解凍して水けを拭く。玉ねぎ、パプリカは7mm角に切る。
2. ボウルに温かいごはんを入れ、Aを加えてよく混ぜておく。
3. フライパンにサラダ油を中火で熱し、玉ねぎ、パプリカの順に炒める。玉ねぎが透き通ってきたら、1のシーフードミックスを加えて2分ほど炒める。
4. 魚介に火が通ったら、2のごはんを加えて炒め合わせ、塩、こしょうで味をととのえる。

フライパンでできちゃう！

これで決まる！

温かいごはんにあらかじめ、カレーソースとバターをしっかり混ぜておきます。このほうが味にムラがなくなり、しっとり仕上がります。

さっと炒めてから味つけするのがコツ
豚肉とオクラのカレーソース炒め

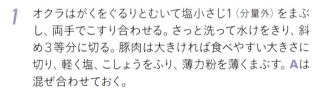

材料（2人分）

豚切り落とし肉 …… 200g
オクラ …… 10本
にんにく（みじん切り）…… 1かけ
塩、こしょう、薄力粉 …… 各適量
サラダ油 …… 大さじ1
A | カレー粉 …… 大さじ1
　 | ウスターソース …… 大さじ1
　 | 顆粒コンソメスープの素 …… 小さじ2
　 | 水 …… 大さじ2

作り方

1 オクラはがくをぐるりとむいて塩小さじ1（分量外）をまぶし、両手でこすり合わせる。さっと洗って水けをきり、斜め3等分に切る。豚肉は大きければ食べやすい大きさに切り、軽く塩、こしょうをふり、薄力粉を薄くまぶす。Aは混ぜ合わせておく。

2 フライパンにサラダ油、にんにくを入れて弱めの中火で熱し、香りが出てきたら1の豚肉を加えて炒める。肉の色が変わったら、オクラを加えて2〜3分炒める。

3 オクラに少し焼き色がついたら、Aを加えて手早く炒め合わせる。

なつかしカレーソース
カレー粉 ウスターソース 顆粒コンソメ
3：3：2

カレーを煮込む時間がないときでも！
ひき肉とじゃがいものカレー炒め煮

煮る

材料（2人分）

合いびき肉 …… 200g
じゃがいも …… 2個
玉ねぎ …… ½個
サラダ油 …… 大さじ1

A　カレー粉 …… 大さじ1
　　ウスターソース …… 大さじ1
　　顆粒コンソメスープの素 …… 小さじ2
　　水 …… 1カップ（200㎖）

作り方

1　玉ねぎは1cm角に切る。じゃがいもは5mm厚さのいちょう切りにし、さっと水で洗い、水けをきる。

2　フライパンにサラダ油を中火で熱し、ひき肉を入れて炒める。肉の色が変わったら玉ねぎ、じゃがいもを加えて2～3分炒める。

3　Aを加えて混ぜ、ふたをして弱めの中火でときどき混ぜながら、少し煮汁が残るくらいまで6～7分煮る。

食べごたえバッチリの副菜
ズッキーニのカレーソース炒め

炒める

材料（2人分）

ズッキーニ …… 1本（150g）
ツナ油漬け缶 …… 小1缶（70g）
オリーブオイル …… 大さじ1

A　カレー粉 …… 大さじ½
　　ウスターソース …… 大さじ½
　　顆粒コンソメスープの素 …… 小さじ1
　　水 …… 大さじ2

作り方

1　ズッキーニは5cm長さ、1cm角の棒状に切る。ツナ缶は缶汁をきる。

2　フライパンにオリーブオイルを中火で熱し、1のズッキーニを入れて炒める。

3　ズッキーニに油がまわり少し焼き色がついたら、ツナを加えて1分ほど炒め、Aを加えて炒め合わせる。

洋の味つけ

カレーバターソース

 :  :

3 : 2 : 1

バター　　顆粒コンソメ　　カレー粉

たっぷりのバターと合わせたまろやかなカレー味。炒めものや煮ものにする際は、バターは仕上げに加えます。こうするとバターの風味や香りがしっかりと感じられます。カレー味のスープはバターで野菜をじっくり炒めるのがコツです。

カレーと牛乳は相性バツグン！
食べるカレーミルクスープ

煮る

材料（たっぷり2～3人分）

玉ねぎ …… 1個
にんじん …… ½本
キャベツ …… 2～3枚
スライスベーコン …… 3枚
バター …… 大さじ1（約12g）
A｜水 …… 2カップ（400㎖）
　｜顆粒コンソメスープの素 …… 小さじ2
　｜カレー粉 …… 小さじ1
牛乳 …… ½カップ（100㎖）
塩、こしょう …… 各適量

作り方

1　にんじん、玉ねぎは1.5cm角に切る。キャベツは2cm四方に切る。ベーコンは2cm幅に切る。

2　鍋にバターを中火で溶かし、にんじん、玉ねぎ、キャベツを順に入れて2～3分炒める。全体に油がまわりしんなりしてきたら、ベーコンも加えて1分ほど炒める。

3　2にAを加えて混ぜて煮立ったら、ふたをして弱めの中火で4～5分煮る。ふたを取って牛乳を加え、煮立たせないように温め、塩、こしょうで味をととのえる。

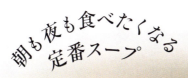

朝も夜も食べたくなる
定番スープ

これで決まる！

野菜類はいきなり煮るのではなく、バターでじっくり炒めて甘みを引き出します。このひと手間でグッとおいしいスープになります。

バターは最後に加えます

豚バラとピーマンのカレーバター炒め

材料（2人分）

豚バラ薄切り肉 …… 200g
ピーマン …… 3個
薄力粉 …… 適量
サラダ油 …… 大さじ½
A｜顆粒コンソメスープの素 …… 小さじ2
　｜カレー粉 …… 小さじ1
　｜水 …… 大さじ1
バター …… 大さじ1（約12g）

作り方

1. ピーマンは乱切りにする。豚肉は5cm幅に切り、薄力粉を薄くまぶす。

2. フライパンにサラダ油を中火で熱し、豚肉を広げ入れてカリッとするまで焼く。焼き色がついてきたら、ピーマンを加えて1〜2分炒める。

3. 2にAを加えて炒め合わせ、仕上げにバターを加えてさっとからめる。

カレーバターソース

3 : 2 : 1
バター　顆粒コンソメ　カレー粉

野菜をモリモリ食べられる
カリフラワーの
カレーバター煮

材料（2人分）

カリフラワー …… 1/3〜1/2株
A　顆粒コンソメスープの素 …… 小さじ2
　　カレー粉 …… 小さじ1
　　水 …… 1と1/4カップ（250mℓ）
バター …… 大さじ1（約12g）

作り方

1　カリフラワーは小房に分ける。

2　鍋にAを入れて混ぜてから1を加える。中火にかけて煮立ったら、ふたをして弱めの中火で5分煮る。仕上げにバターを加えてひと煮する。

もやし1袋じゃ足りないかも!?
もやしの無限
カレーバター炒め

材料（2人分）

もやし …… 1袋（250g）
サラダ油 …… 大さじ1/2
A　バター …… 大さじ1（約12g）
　　顆粒コンソメスープの素 …… 小さじ2
　　カレー粉 …… 小さじ1
粗びき黒こしょう …… 適量

作り方

1　もやしはひげ根を取る。

2　フライパンにサラダ油を中火で熱し、1を炒める。油がまわったら水大さじ1（分量外）をふり入れ、Aを加えて炒め合わせる。

3　器に2を盛り、粗びき黒こしょうをふる。

Column 2

万能なたれ&ソース

ポークソテーや焼き魚のたれに
万能ねぎだれ

材料（作りやすい分量）
- 砂糖 …… 大さじ2
- しょうゆ …… 大さじ2
- 酢 …… 大さじ2
- オイスターソース …… 大さじ1
- ごま油 …… 大さじ1
- 長ねぎ（粗みじん切り） …… 1/3本

作り方
1. 材料を上から順によく混ぜ合わせる。

冷蔵 4日

しゃぶしゃぶのたれやカルパッチョソースに
トマトみそだれ

材料（作りやすい分量）
- みそ …… 大さじ1
- 砂糖 …… 小さじ2
- しょうゆ …… 小さじ2
- 酢 …… 大さじ1/2
- オリーブオイル …… 大さじ2
- トマト（8mmの角切り）…… 1個

作り方
1. 材料を上から順によく混ぜ合わせる。

冷蔵 2日

ステーキやとんかつのたれに
おろしレモンだれ

材料（作りやすい分量）
- 大根おろし …… 5〜6cm分
- 塩 …… 小さじ1/3
- レモン汁 …… 大さじ1/2
- ごま油 …… 小さじ1

作り方
1. 材料を上から順によく混ぜ合わせる。

冷蔵 2日

ゆで鶏やゆでえび、鶏のから揚げのたれに
青じそ中華だれ

材料（作りやすい分量）
- 鶏ガラスープの素 …… 小さじ1
- 砂糖 …… 小さじ2
- 酢 …… 大さじ1と1/2
- しょうゆ …… 大さじ1と1/2
- ごま油 …… 大さじ1
- 青じそ（粗みじん切り）…… 8〜10枚

作り方
1. 材料を上から順によく混ぜ合わせる。

冷蔵 4日

ハンバーグやオムレツのソースに
デミ風ソース

材料（作りやすい分量）
- トマトケチャップ …… 大さじ3
- 中濃ソース …… 大さじ1
- みそ …… 大さじ1
- しょうゆ …… 小さじ1
- 酢 …… 小さじ1/2

作り方
1. すべての材料をよく混ぜ合わせる。

冷蔵 5日

温野菜やフライドポテトのソースに
チーズソース

材料（作りやすい分量）
- 牛乳 …… 3/4カップ（150ml）
- 片栗粉 …… 小さじ1
- 溶けるチーズ …… 80g
- 塩、こしょう …… 各適量

作り方
1. 小鍋に牛乳、片栗粉を入れて泡立て器でよくかき混ぜる。
2. 中火で沸騰する直前まで温めたら、弱火にして溶けるチーズを3〜4回に分けて加え、そのつど泡立て器でよくかき混ぜる。塩、こしょうで味をととのえる。

冷蔵 2日

かけるだけ、つけるだけでいつものおかずがグンとおいしくなる、
万能なたれ＆ソースを12種類ご紹介します。

パンにはさんだり かきフライのソースに
タルタルソース

材料（作りやすい分量）
- ゆで卵 …… 2個
- 玉ねぎ（粗みじん切り）…… 1/4個
- A
  - マヨネーズ …… 大さじ4
  - フレンチマスタード …… 小さじ1
  - 砂糖 …… ふたつまみ
  - 塩、こしょう …… 各少々

作り方
1. 玉ねぎは水にさらして水けを絞る。
2. ゆで卵は殻をむき、ボウルに入れてフォークで粗くほぐす。
3. 2にAを加えて混ぜてから1を加えてあえる。

冷蔵 2日

パスタオイルや ガーリックトーストに
ガーリックオイルソース

材料（作りやすい分量）
- にんにく（粗みじん切り）…… 2かけ
- オリーブオイル …… 1/2カップ（100ml）
- 塩 …… 小さじ1

作り方
1. フライパンにオリーブオイル、にんにくを入れて弱火にかける。焦がさないように2分ほど加熱し、火を止める。熱いうちに塩を加えて混ぜて溶かす。

冷蔵 2週間

青菜のあえものや冷や奴に
しょうがうま塩オイルだれ

材料（作りやすい分量）
- しょうが（すりおろし）…… 100g
- 塩 …… 小さじ1
- 砂糖 …… 小さじ1/4
- ごま油 …… 大さじ4

作り方
1. 材料を上から順によく混ぜ合わせる。

冷蔵 1週間

焼き厚揚げのたれや チャーハンの味つけに
ザーサイねぎだれ

材料（作りやすい分量）
- めんつゆ（3倍濃縮）…… 大さじ2
- 水 …… 大さじ2
- ごま油 …… 大さじ2
- ザーサイ（味付き・粗みじん切り）…… 40g
- 小ねぎ（小口切り）…… 3〜4本

作り方
1. 材料を上から順によく混ぜ合わせる。

冷蔵 4日

チキンや白身魚の ソテーのソースに
パプリカ アンチョビソース

材料（作りやすい分量）
- パプリカ（赤・黄）…… 各1/2個
- アンチョビフィレ …… 2〜3枚
- にんにく（みじん切り）…… 1かけ
- オリーブオイル …… 大さじ2
- 酒 …… 大さじ2
- 塩、砂糖 …… 各適量

作り方
1. パプリカは5mm角に切る。
2. フライパンにオリーブオイル、アンチョビ、にんにく、1を入れ、弱火で3〜4分炒める。酒を加えて煮立ったら、塩、砂糖で味をととのえる。

冷蔵 3日

野菜スティックや 蒸したじゃがいもにのせて
いかの塩辛の バーニャカウダソース

材料（作りやすい分量）
- いかの塩辛（市販）…… 40g
- にんにく（すりおろし）…… 2かけ
- オリーブオイル …… 大さじ2
- 薄力粉 …… 小さじ1/2
- 牛乳 …… 1/2カップ（100ml）
- 塩、こしょう …… 各適量

作り方
1. 小鍋ににんにく、オリーブオイルを入れ、弱火にかける。にんにくを焦がさないように炒め、香りが出たら、いかの塩辛、薄力粉を加えて炒める。
2. いかに火が通ったら、牛乳を3回に分けて加え、混ぜながらとろみがつくまで煮て、塩、こしょうで味をととのえる。

冷蔵 3日

Column 3
食べるディップ

冷蔵 1日

お刺身のまぐろやたいにのせたり♪
アボカド塩昆布ディップ

材料（作りやすい分量）

アボカド …… 1個
塩昆布 …… 8g
酢 …… 小さじ¼
オリーブオイル
　…… 小さじ½

作り方

1. アボカドは種と皮を取る。ボウルに入れてフォークで粗くつぶし、酢を加えて混ぜる。
2. 1に塩昆布、オリーブオイルを加えてさらに混ぜる。

冷蔵 3日

ポテトチップスにつけてもイケる
コンビーフのクリチーディップ

材料（作りやすい分量）

コンビーフ …… ½パック(40g)
クリームチーズ（個包装タイプ）
　…… 4個
A ｜ しょうゆ …… 小さじ½
　｜ 粗びき黒こしょう
　　　…… 適量

作り方

1. ボウルにクリームチーズを入れて室温にもどす。
2. 1にほぐしたコンビーフ、Aを加えて混ぜ合わせる。

冷蔵 3日

パンにのせたり焼きのりで巻いたり♪
たらもディップ

材料（作りやすい分量）

じゃがいも …… 1個
甘塩たらこ
（薄皮から身をこそげ出す）
　…… 大½腹(60g)
バター …… 10g
酢 …… 小さじ1
A ｜ 牛乳 …… 大さじ1
　｜ マヨネーズ …… 大さじ3
塩、こしょう …… 各適量

作り方

1. じゃがいもは皮をむき、ひと口大に切ってさっと水にさらす。
2. 耐熱容器に水がついた状態で1を入れ、ふんわりとラップをかけ、電子レンジで3〜4分加熱する。熱いうちにフォークでつぶし、バター、酢を加えて混ぜる。
3. 粗熱がとれたらA、たらこを加えて混ぜ、塩、こしょうで味をととのえる。

冷蔵 3日

バゲットにぬったりゆで卵にのせたり♪
なすのタプナード風ディップ

材料（作りやすい分量）

なす …… 3個
ブラックオリーブ（種なし）
　…… 1パック(25g)
アンチョビフィレ …… 3切れ
オリーブオイル …… 大さじ1
にんにく（すりおろし・チューブ）
　…… 小さじ1
塩 …… ふたつまみ
こしょう …… 少々

作り方

1. なすは縦に浅く切り込みを入れ、サラダ油（分量外）をまぶす。オーブントースターで15〜20分焼く（途中上下を返すとよい）。
2. 1のなすを取り出し、手に水適量（分量外）をつけ、火傷に気をつけて皮をむき、適当な大きさに切る。
3. フードプロセッサーに2を入れ、残りの材料を加えてなめらかになるまで撹拌する。

バゲットやクラッカーにのせたり、レタスなどで包んだりしてもおいしい食べるディップです。
見た目もおしゃれなのでおもてなしにもおすすめです。

冷蔵 2日

セロリやきゅうりスティックに
サーモンヨーグルトディップ

材料（作りやすい分量）
- スモークサーモン …… 30g
- ギリシャヨーグルト …… 100g
- にんにく（すりおろし・チューブ）
　…… 小さじ1
- 塩 …… ふたつまみ
- レモン汁 …… 小さじ1/2
- こしょう …… 少々

作り方
1. スモークサーモンは粗く刻む。
2. ボウルに1、残りの材料を入れて混ぜ合わせる。

冷蔵 2日

サンドイッチの具にしても◎
ツナマヨカレーディップ

材料（作りやすい分量）
- ツナ油漬け缶 …… 小1缶(70g)
- 玉ねぎ（粗みじん切り）…… 1/6個
- A
  - マヨネーズ …… 大さじ3
  - 粉チーズ …… 大さじ1
  - ドライパセリ …… 小さじ1
  - カレー粉 …… 小さじ1/4
  - 塩、こしょう …… 各少々

作り方
1. 玉ねぎは水に5分ほどさらして水けを絞る。ツナ缶は缶汁をきる。
2. ボウルにAを入れて混ぜ、1を加えてあえる。

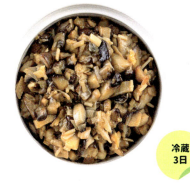

冷蔵 3日

クラッカーにぬったりレタスで包んだり♪
刻みきのこのディップ

材料（作りやすい分量）
- マッシュルーム（ホワイト）
　…… 6個
- しいたけ …… 4個
- えのきたけ …… 1パック
- にんにく（粗みじん切り）
　…… 大1かけ
- オリーブオイル …… 大さじ2
- 塩 …… 小さじ1/3
- A
  - 粉チーズ …… 大さじ3
  - しょうゆ …… 小さじ1
  - こしょう …… 少々

作り方
1. きのこ類は石づきや根元を切り落とし、5〜7mm角に切る。
2. フライパンにオリーブオイル、にんにくを入れて弱めの中火で熱し、香りが出てきたら1を加えて炒める。
3. 余分な水分が出てきたら拭き取り、塩を加えてねっとりするまで炒め、Aで味をととのえる。

冷蔵 3日

パンに塗ったり肉料理のつけ合わせに
ひよこ豆のディップ

材料（作りやすい分量）
- ひよこ豆水煮（ドライパック）
　…… 150g
- A
  - すりごま（白）…… 大さじ2
  - にんにく
　　（すりおろし・チューブ）
　　…… 小さじ1
  - 塩 …… 小さじ1/4
  - こしょう、クミンパウダー
　　（あれば）…… 各少々
  - オリーブオイル
　　…… 大さじ2

作り方
1. 耐熱容器にひよこ豆、水大さじ2（分量外）を入れ、ふんわりとラップをかけて電子レンジで2分ほど加熱する。
2. 1が熱いうちにマッシャーやフォークなどでつぶす。Aを加えてよく混ぜる。ひよこ豆の皮が気になる場合は、フードプロセッサーにかけてなめらかにしてもよい。

Column 4
ごはんのお供

熱々のごはんにのせたら必ずおかわりしたくなる、とっておきのごはんのお供を作りました。日持ちもするのでまとめて作って常備菜にしてみませんか？

冷蔵 2週間

塩焼きそばやラーメン、温奴にのせても
食べるラー油

材料（作りやすい分量）
- 玉ねぎ …… 1/4個
- にんにく …… 4かけ
- ミックスナッツ（無塩・素焼き） …… 40g
- A
  - コチュジャン …… 大さじ1
  - 一味唐辛子 …… 大さじ1/2
  - すりごま（白）…… 大さじ2
- サラダ油 …… 1/2カップ（100ml）
- B
  - しょうゆ …… 大さじ1
  - 砂糖 …… 小さじ2/3
  - ごま油 …… 小さじ1

作り方
1. 玉ねぎ、にんにくは粗みじん切りにする。ミックスナッツは粗く刻む。
2. 耐熱ボウルにAを入れてよく混ぜておく。
3. フライパンにサラダ油、玉ねぎを入れ、中火にかける。シューと音がしたら弱火で3分ほど加熱する。にんにくを加えて2分加熱し、ミックスナッツを加えて1分加熱して火を止める。熱いうちに2に加えて混ぜる。Bを加えてさらに混ぜる。

冷蔵 4日

おにぎりの具や青菜のあえものに
おかかのり玉

材料（作りやすい分量）
- 卵 …… 2個
- A
  - 砂糖 …… 小さじ1/4
  - 塩 …… ふたつまみ
  - しょうゆ …… 小さじ1/2
- かつお節 …… 小2パック（4g）
- めんつゆ（3倍濃縮）…… 小さじ1
- 青のり粉 …… 小さじ1/3

作り方
1. 鍋に卵を割り入れ、Aを加えてよく混ぜる。弱火にかけ、菜箸でぐるぐる混ぜながら炒めて炒り卵を作り、取り出して冷ましておく。
2. かつお節にめんつゆを加えて混ぜておく。
3. 1の卵が冷めたら2、青のり粉を加えて混ぜる。

冷蔵 2週間

焼きおにぎりや野菜のみそあえにも
ねぎみそ

材料（作りやすい分量）
- 長ねぎ …… 1/3本
- みりん …… 大さじ2
- A
  - 砂糖 …… 大さじ1/2
  - みそ …… 大さじ3
  - しょうゆ …… 大さじ1/2

作り方
1. 長ねぎは薄い小口切りにする。
2. 耐熱容器にみりんを入れ、ラップをかけずに電子レンジで20秒加熱する。
3. 2にAを加えて混ぜてから、1を加えてさらに混ぜる。

冷蔵 1週間

和風チャーハンや水菜のサラダにも
カリカリ甘辛じゃこ

材料（作りやすい分量）
- ちりめんじゃこ …… 50g
- サラダ油 …… 大さじ1
- 酒 …… 大さじ1
- A
  - みりん …… 大さじ1
  - しょうゆ …… 大さじ1
- いりごま（白）…… 大さじ1/2

作り方
1. フライパンにサラダ油、ちりめんじゃこを入れ、弱めの中火でカリカリになるまで2〜3分炒める。
2. 酒を加えて水分がなくなったら、Aを加えて全体になじむまで炒める。火を止めていりごまを混ぜる。

Part 3

中華・エスニックの味つけ

和風の味つけに比べて調味料の数はやや多めになりますが、オイスターソース、鶏ガラスープの素、コチュジャン、ナンプラーなどをベースに、しょうがやにんにくをプラスすれば、かんたんに中華・エスニックおかずが作れます。辛みの軸となる豆板醤、ラー油はお好みで調整しましょう。

中華・エスニックの味つけ

オイスターしょうゆだれ

 :  :

1 : 1 : 1

オイスターソース　　しょうゆ　　酒

オイスターソースはかきならではの風味とコク、とろっとした味わいが特徴。これに同量のしょうゆ、酒を加え、お肉にも魚介にも大豆製品にも合う万能な中華だれを作りました。炒めものや煮もの、めんのたれにも大活躍間違いナシです。

炒める

牛肉がしっとりツヤツヤ！
牛肉とアスパラのオイスター炒め

材料（2人分）

牛切り落とし肉 …… 200g
アスパラガス …… 4〜5本
にんにく（粗みじん切り）…… 1/2かけ
A 塩、こしょう …… 各適量
　 酒 …… 小さじ2
　 片栗粉 …… 小さじ2
B オイスターソース …… 大さじ1と1/3
　 しょうゆ …… 大さじ1と1/3
　 酒 …… 大さじ1と1/3
ごま油 …… 大さじ1

作り方

1　牛肉は大きければ食べやすい大きさに切り、**A**を順にもみ込む。アスパラガスは根元のかたい皮をピーラーでむき、4cm長さに切る。**B**は混ぜ合わせておく。

2　フライパンにごま油大さじ1/2を中火で熱し、1の牛肉を広げ入れ、炒める。肉の色が変わったら、一度取り出す。

3　2のフライパンに残りのごま油を足し、にんにく、アスパラガスを加えて2分ほど炒める。

4　全体に油がまわったら、2の牛肉を戻し入れ、**B**を加えて火を強めて全体にからめながら炒め合わせる。器に盛り、お好みでいりごまをかける。

中華おかずが食べたいときは迷わずこのたれ！

これで決まる！

牛肉に片栗粉をもみ込んでおきます。そのまま炒めるより肉がグンとやわらかくなり、たれがよくからんでおいしさが倍増します。

食材は2つでも十分おいしい！

豚こまと赤パプリカのチンジャオロースー

炒める

材料（2人分）

豚こま切れ肉 …… 200g
パプリカ（赤）…… 1個
しょうが（すりおろし）…… ½かけ
A | 塩、こしょう …… 各適量
　| 酒 …… 小さじ2
　| 片栗粉 …… 小さじ2
B | オイスターソース …… 大さじ1と⅓
　| しょうゆ …… 大さじ1と⅓
　| 酒 …… 大さじ1と⅓
ごま油 …… 大さじ1

作り方

1. 豚肉は大きければ食べやすい大きさに切り、**A**を順にもみ込む。パプリカは縦半分に切ってから横に6〜7mm幅に切る。**B**は混ぜ合わせておく。

2. フライパンにごま油大さじ1/2を中火で熱し、**1**の豚肉を広げ入れ、炒める。肉の色が変わったら、一度取り出す。

3. **2**のフライパンに残りのごま油を足し、しょうが、パプリカを加えて2分ほど炒める。

4. パプリカに油がまわったら、**2**の豚肉を戻し入れ、**B**を加えて火を強めて全体にからめながら炒め合わせる。

オイスターしょうゆだれ

オイスターソース : しょうゆ : 酒 = 1 : 1 : 1

これで決まる！

かきは縮みやすいので、先にぷっくりするまで焼き、一度取り出します。最後にたれと一緒にさっと炒め合わせれば、ぷりぷり食感を保つことができます。

かきのうまみを存分に味わえる！

かきとチンゲン菜のオイスター炒め

炒める

材料（2人分）

- かき（加熱用）…… 7〜10個（180〜200g）
- チンゲン菜 …… 2株
- にんにく（みじん切り）…… ½かけ
- 塩、こしょう、片栗粉 …… 各適量
- A
  - オイスターソース …… 大さじ1
  - しょうゆ …… 大さじ1
  - 酒 …… 大さじ1
- サラダ油 …… 大さじ1
- ごま油 …… 大さじ½

作り方

1. かきは塩水（水2と1/2カップに対して塩大さじ1が目安・いずれも分量外）でふり洗いし、汚れを取る。キッチンペーパーで水けを拭き、軽く塩、こしょうをして片栗粉を薄くまぶす。チンゲン菜は葉と軸に分け、軸は縦4〜6等分に切り、葉はざく切りにする。Aは混ぜ合わせておく。

2. フライパンにサラダ油を弱めの中火で熱し、1のかきを入れ、全体に焼き色がついてぷっくりするまで3〜5分焼き、一度取り出す。

3. フライパンをさっと拭き、ごま油、にんにくを入れ、中火にかける。香りが出てきたらチンゲン菜の軸、葉の順に炒める。油がまわったら、2のかきを戻し入れ、Aを加えて全体にからめながらさっと炒め合わせる。

中華・エスニックの味つけ

うまみの宝庫、キムチをちょい足し!
卵とウインナーのキムチオイスター炒め

材料（2人分）

卵 …… 2個
ウインナー …… 3本
しめじ …… 1パック（100g）
白菜キムチ …… 80g
A　オイスターソース …… 大さじ½
　　しょうゆ …… 大さじ½
　　酒 …… 大さじ½
サラダ油 …… 大さじ1
ごま油 …… 大さじ½

作り方

1　卵は溶きほぐす。Aは混ぜ合わせておく。

2　しめじは根元を切り落とし、小房に分ける。ウインナーは斜め4等分に切る。

3　フライパンにサラダ油を中火で熱し、1の卵液を流し入れる。半熟状になったら大きくかき混ぜ、一度取り出す。

4　3のフライパンにごま油を熱し、2のウインナー、しめじの順に炒める。ウインナーがカリッとしてきたら、白菜キムチ、Aを加え、汁けをとばしながら炒め合わせる。3の卵を戻し入れ、さっと合わせる。

オイスターしょうゆだれ

オイスターソース : しょうゆ : 酒 = 1 : 1 : 1

お肉なしでも食べごたえ満点！
厚揚げとしいたけのオイスター煮

煮る

材料（2人分）

- 厚揚げ …… 小2枚（300g）
- しいたけ …… 4個
- 水溶き片栗粉
  - 片栗粉 …… 大さじ½
  - 水 …… 大さじ1
- **A**
  - オイスターソース …… 大さじ1と½
  - しょうゆ …… 大さじ1と½
  - 酒 …… 大さじ1と½
  - しょうが（すりおろし）…… ½かけ
  - 水 …… ¾カップ（150ml）

作り方

1. 厚揚げは1枚を4等分の角切りにする。しいたけは石づきを取り、縦半分に切る。**A**は混ぜ合わせておく。

2. 小さめのフライパンに油を引かずに弱めの中火で熱し、1の厚揚げを入れ、全体に焼き色がつくまで焼く。

3. 2に**A**、しいたけを加え、煮立ったら落としぶたをして弱めの中火で5〜6分煮る。仕上げに水溶き片栗粉を加え、混ぜながらとろみをつける。

背徳感MAX！でも食べたい！
ねぎたっぷり油そば

レンチン

材料（2人分）

- 中華蒸しめん …… 2玉
- 焼き豚（市販）…… 70g
- 小ねぎ（小口切り）…… 7〜8本
- 卵黄 …… 2個分
- **A**
  - オイスターソース …… 大さじ1と⅓
  - しょうゆ …… 大さじ1と⅓
  - 酒 …… 大さじ1と⅓
- **B**
  - にんにく（すりおろし・チューブ）…… 小さじ½
  - しょうが（すりおろし・チューブ）…… 小さじ½
- 砂糖 …… ふたつまみ
- ごま油 …… 小さじ2
- 刻みのり …… 適量

作り方

1. 耐熱ボウルに**A**を入れて混ぜ、ラップをかけずに電子レンジで40秒加熱する。取り出して**B**を加えて混ぜておく。

2. 蒸しめんは袋の端を切り、耐熱皿にのせて電子レンジで4分加熱する。ほぐしながら1に加え、あえる。焼き豚は1cm角に切る。

3. 器に2のめんを盛り、全体に小ねぎ、焼き豚、刻みのりをのせる。中央に卵黄ものせ、よく混ぜながら食べる。

145

中華・エスニックの味つけ

オイスターマヨだれ

1 : 1

オイスターソース ： マヨネーズ

万能調味料のオイスターソースとマヨネーズ。1:1で合わせるだけなのに甘みと酸味が絶妙に混じり合って期待を裏切らないおいしさに。味つけもピタリと決まります。炒めものやあえもの、そのままたれとしてもどんどん活用してください。

粗熱がとれてからお肉にたれをからめるのがコツ

鶏むねのオイマヨだれまみれ レタス添え

あえる

材料（2人分）

鶏むね肉 …… 1枚（300g）
A｜ 塩、こしょう …… 各適量
　｜ 酒 …… 大さじ1
　｜ 薄力粉 …… 大さじ1
B｜ オイスターソース …… 大さじ1と½
　｜ マヨネーズ …… 大さじ1と½
　｜ にんにく（すりおろし）…… ½かけ
ごま油 …… 大さじ1
レタス（太めのせん切り）…… 3枚

作り方

1. 鶏肉はフォークで全体を刺す。繊維を断ち切るようにして1.5cm幅のそぎ切りにしてから6〜7cm長さの棒状に切り、Aを順にもみ込む。

2. フライパンにごま油を中火で熱し、1の鶏肉を広げ入れ、ときどき上下を返しながら4〜5分焼く。

3. ボウルにBを入れて混ぜ合わせ、2の粗熱がとれたら加えてあえる。器にレタスと盛り合わせる。

魔法の調味料だから
失敗しない！

これで決まる！

鶏むね肉は繊維を断ち切るようにしてスティック状に切ります。加熱時間が短くなるのでパサつきを感じにくく、やわらかく仕上がります。

サクサクのスナップえんどうの食感がいい!
えびとスナップえんどうのピリ辛オイマヨ炒め

材料（2人分）

むきえび …… 200g
スナップえんどう …… 10〜12さや
塩、こしょう …… 各適量
A | オイスターソース …… 大さじ1
　| マヨネーズ …… 大さじ1
　| にんにく（すりおろし）…… ½かけ
　| ラー油 …… 3〜4滴
ごま油 …… 大さじ1

作り方

1. えびは背わたがあれば取り、塩もみ（分量外）して洗って水けを拭き、軽く塩、こしょうをふる。スナップえんどうはへたと筋を取り、斜め半分に切る。Aは混ぜ合わせておく。

2. フライパンにごま油を中火で熱し、1のスナップえんどうを入れ、2分ほど炒める。全体に油がまわったら、1のえびを加えて2分ほど炒める。

3. 2にAを加え、全体にからめながらさっと炒め合わせる。

大根の水けをよく絞るのがコツ!
大根とかにかまのオイマヨサラダ

あえる

材料（2人分）

大根 …… 5〜6cm
かに風味かまぼこ …… 2〜3本
A | オイスターソース …… 小さじ2
　 | マヨネーズ …… 小さじ2

作り方

1. 大根は5mm幅で5cm長さの細切りにする。塩小さじ1/4（分量外）をふってもみ、10分おいて水けを絞る。
2. かに風味かまぼこは手で細かくさく。
3. ボウルにAを入れて混ぜ合わせ、1、2を加えてあえる。

コーン入りで子どもも喜ぶ副菜
ブロッコリーとコーンのオイマヨサラダ

レンチン

材料（2人分）

ブロッコリー …… 1/2株
ホールコーン缶 …… 1/2缶(60g)
A | オイスターソース …… 小さじ2
　 | マヨネーズ …… 小さじ2

作り方

1. ブロッコリーは小房に分け、茎のかたい皮をむいて食べやすい大きさに切る。
2. 耐熱容器に1を並べ、塩少々、水大さじ1（いずれも分量外）をふり、ふんわりとラップをかけて電子レンジで2分30秒〜3分加熱する。
3. コーンは缶汁をきる。
4. ボウルにAを入れて混ぜ合わせ、水けをきった2、3を加えてあえる。

中華・エスニックの味つけ

プルコギだれ

2 : 1 : 1 : 1

しょうゆ　酒　砂糖　ごま油

ごはんが進む味つけでみんなが大好きなプルコギだれ。シンプルな味わいだからこそ、割合をしっかり守りましょう。コチュジャンをプラスすればより本格的な味わいになります。にんにくやマヨネーズ、チーズとも好相性。

味をしっかりしみ込ませるのがポイント
牛肉と玉ねぎ、にらのプルコギ

漬ける

材料（2人分）
牛切り落とし肉 …… 200g
玉ねぎ …… ½個
にら …… ½把（50g）
A　砂糖 …… 大さじ1
　　しょうゆ …… 大さじ2
　　酒 …… 大さじ1
　　ごま油 …… 大さじ1
　　にんにく（すりおろし）…… 1かけ

作り方
1　玉ねぎは1cm幅のくし形切りにする。牛肉は大きければ食べやすい大きさに切る。ジッパー付き保存袋にAを入れてもみ混ぜ、牛肉、玉ねぎを加えてさらにもみ込み、10分おく。

2　にらは5cm長さに切る。

3　フライパンに1の中身を広げ入れる。中火で2～3分焼いて肉に火が通ったら2を加えて1分ほど炒める。器に盛り、お好みで糸唐辛子をのせる。

今日の晩ごはん、これに決まり！

これで決まる！

袋に合わせ調味料、牛肉と玉ねぎを入れてもみ込み、10分おきます。たったこれだけで甘辛いたれが具材にしっかりしみ込んでごはんが進む味になります。

中華・エスニックの味つけ

定番だからこそ割合を守って
豚ひきのカラフルビビンバ

材料（2人分）

豚ひき肉 …… 250g
にんじん …… ½本
小松菜 …… ½把(100g)
A 砂糖 …… 大さじ1と½
　 しょうゆ …… 大さじ3
　 酒 …… 大さじ1と½
　 にんにく(すりおろし) …… ½かけ
　 しょうが(すりおろし) …… ½かけ
　 コチュジャン(チューブ) …… 小さじ1
ごま油 …… 大さじ1と½
すりごま(白) …… 大さじ1
温かいごはん …… 400g
温泉卵(市販) …… 2個

作り方

1. にんじんは5cm長さの細切りにする。小松菜は2cm長さに切る。Aは混ぜ合わせておく。

2. フライパンにごま油を中火で熱し、ひき肉を入れて炒める。肉の色が変わったら、にんじんを加え、2〜3分炒める。

3. にんじんがしんなりしたら小松菜の軸、葉を順に加え、1分ほど炒める。Aを加えて汁けがとぶまで炒め合わせ、仕上げにすりごまを混ぜる。

4. 器にごはんをよそい、3を盛って中央に温泉卵をのせる。

プルコギだれ

2 : 1 : 1 : 1
しょうゆ　酒　砂糖　ごま油

マヨチーズと合う、合う！
サラダチキンのプルコギトースト　トースター

材料（2人分）

食パン（6枚切り） …… 2枚
サラダチキン（市販） …… 80g
小ねぎ（小口切り） …… 1本
A　砂糖 …… 小さじ2
　　しょうゆ …… 小さじ4
　　酒 …… 小さじ2
　　ごま油 …… 小さじ2
　　にんにく（すりおろし・チューブ） …… 小さじ½
　　コチュジャン（チューブ） …… 小さじ½
マヨネーズ、溶けるチーズ …… 各適量

作り方

1　ボウルにAを入れて混ぜ合わせる。サラダチキンは手で食べやすい大きさに細かくさく。

2　食パン2枚は片面をフォークで全体を刺し、パンの片面に1のたれを1/4量ずつ塗る。

3　残りのたれと1のサラダチキンをあえる。2のパンに等分にのせ、溶けるチーズものせる。小ねぎをちらしてマヨネーズをかけ、オーブントースターで全体に焼き色がつくまで4〜5分焼く。

153

中華・エスニックの味つけ

うま塩ナムルだれ

 :  :

3 : 3 : 1

鶏ガラスープの素　　　　ごま油　　　　しょうゆ

さっと溶ける鶏がらスープの素にごま油としょうゆを加えた黄金ナムルだれ。うまみとコクがあるので、さっとあえるだけで野菜がたっぷり食べられます。味がぼやけないように、あえる際は食材の汁けをしっかりきるのがポイントです。

豚肉をプラスすればボリューム満点!
豚しゃぶともやしのおかずナムル

材料（2人分）

豚ロースしゃぶしゃぶ用肉 …… 180g
もやし …… 1袋（250g）
小ねぎ …… 7〜8本
A　鶏ガラスープの素 …… 大さじ1
　　ごま油 …… 大さじ1
　　しょうゆ …… 小さじ1
　　にんにく（すりおろし）…… ½かけ

作り方

1　もやしはひげ根が気になれば取る。小ねぎは5cm長さに切る。

2　フライパンにたっぷりの湯（分量外）を沸かし、沸騰したら塩小さじ1（分量外）を加え、もやしを1分、小ねぎを30秒ゆで、ざるにあげて水けをきる。

3　2と同じ湯に豚肉を入れ、ふつふつ沸くくらいの火加減で肉の色が変わるまでゆで、ざるにあげて水けをきる。

4　ボウルにAを入れてよく混ぜ合わせる。3の粗熱がとれたら、2とともに加えてよくあえる。

ゆでてあえる、たったそれだけ!

これで決まる!

豚肉は湯が沸騰した状態でなく、ふつふつ沸くくらいの火加減で色が変わるまでゆでます。これならパサつかず、しっとりしたやわらかな食感になります。

中華・エスニックの味つけ

156

うま塩ナムルだれ

鶏ガラスープの素 : ごま油 : しょうゆ
3 : 3 : 1

レンジであっという間に作れる!
ピーマンとパプリカのうま塩ナムル

材料（2人分）

- ピーマン …… 4個
- パプリカ(赤) …… ½個
- A
  - 鶏ガラスープの素 …… 大さじ½
  - ごま油 …… 大さじ½
  - しょうゆ …… 小さじ½
  - にんにく(すりおろし・チューブ) …… 小さじ½
  - すりごま(白) …… 大さじ1

作り方

1. ピーマンは縦半分に切ってから斜め8mm幅に切る。パプリカは横に8mm幅に切る。
2. 耐熱容器に1を入れ、水大さじ1（分量外）をふり、ふんわりとラップをかけて電子レンジで3分加熱する。
3. ボウルにAを入れて混ぜ合わせる。2の汁けをきって加え、あえる。

きのこはあまり動かさずに焼くのがコツ
焼ききのこのうま塩ピリ辛ナムル

材料（2人分）

- えのきたけ …… 1パック(100g)
- しいたけ …… 4個
- エリンギ …… 2本
- A
  - 鶏ガラスープの素 …… 大さじ½
  - ごま油 …… 大さじ½
  - しょうゆ …… 小さじ½
  - にんにく(すりおろし・チューブ) …… 小さじ½
  - ラー油 …… 2滴
- サラダ油 …… 大さじ½

作り方

1. えのきたけは根元を切り落とし、長さを半分に切る。しいたけは石づきを取り、縦4等分の放射状に切る。エリンギは長さを半分に切り、縦3〜4等分に切る。
2. フライパンにサラダ油を中火で熱し、1を広げ入れ、全体に焼き色がつくまであまり動かさずに2〜3分焼く。
3. ボウルにAを入れて混ぜ合わせ、2の粗熱がとれたら加えてあえる。

香りの良さを味わって
春菊のうま塩ナムル

材料（2人分）

- 春菊 …… 1把(200g)
- 焼きのり(全形) …… ¼枚
- A
  - 鶏ガラスープの素 …… 小さじ1
  - ごま油 …… 小さじ1
  - しょうゆ …… 小さじ⅓

作り方

1. 春菊は4cm長さに切る。
2. フライパンにたっぷりの湯（分量外）を沸かし、沸騰したら塩小さじ1（分量外）を入れ、1の軸を加える。30秒ほどしたら葉を加え、30秒ゆでる。冷水にさらし、水けを絞る。
3. ボウルにAを入れて混ぜ合わせ、2を加えてあえる。器に盛り、手でちぎった焼きのりをのせる。

中華・エスニックの味つけ

麻婆だれ

6 : 3 : 3 : 3 : 1

みそ　　砂糖　　しょうゆ　　酒　　豆板醤

甜麺醤（テンメンジャン）を使うレシピもありますが、お手軽に普通のみそで代用します。赤みそや甘さ控えめで色の濃いみそを使うと、より本格的でコクのある味わいになります。辛さが苦手な人は豆板醤をお好みの量に変更してもOKです。

なすは油でコーティングすると美味
麻婆なす丼

炒める

材料（2人分）

豚こま切れ肉 …… 200g
なす …… 3個
しょうが（みじん切り）…… ½かけ
にんにく（みじん切り）…… ½かけ
サラダ油 …… 大さじ2
ごま油 …… 小さじ2
塩、こしょう …… 各適量
A　みそ …… 大さじ2
　　砂糖 …… 大さじ1
　　しょうゆ …… 大さじ1
　　酒 …… 大さじ1
　　豆板醤 …… 小さじ1
　　片栗粉 …… 小さじ1
　　水 …… ¾カップ（150ml）
温かいごはん …… 400g

作り方

1　なすはひと口大の乱切りにする。豚肉は粗く刻む。Aは混ぜ合わせておく。

2　フライパンになす、サラダ油を入れてよくからめる。なすの皮を下にして中火で熱し、塩少々をふって3〜4分焼き、一度取り出す。

3　2のフライパンにごま油を中火で熱し、しょうが、にんにくを入れて炒める。香りが出たら豚肉を加え、軽く塩、こしょうをして炒める。肉の色が変わったら、Aをもう一度混ぜ合わせてから加える。混ぜながらとろみがついてきたら、2のなすを戻し入れ、さっとからめる。

4　器にごはんをよそい、3をかけてお好みで小ねぎの小口切りをちらす。

肉感が味わえる
やみつきの辛さ！

これで決まる！

なすは火をつける前にフライパンの中で油をからめてから焼きます。こうすればとろりとした食感になるうえ、油を追加で足す必要もないので脂っぽくなりません。

中華・エスニックの味つけ

トマトが少しくずれるまで煮て
麻婆トマト

材料（2人分）

豚ひき肉 …… 160g
トマト …… 3個
にんにく（粗みじん切り）…… ½かけ
長ねぎ（粗みじん切り）…… ½本
ごま油 …… 大さじ1
塩、こしょう …… 各適量
A　みそ …… 大さじ2
　　砂糖 …… 大さじ1
　　しょうゆ …… 大さじ1
　　酒 …… 大さじ1
　　豆板醤 …… 小さじ1
　　水 …… ¾カップ（150ml）
水溶き片栗粉
　　片栗粉 …… 大さじ½
　　水 …… 大さじ1

作り方

1　トマトは6〜8等分のくし形切りにする。Aは混ぜ合わせておく。

2　フライパンにごま油を中火で熱し、ひき肉を加えて軽く塩、こしょうをし、粗くくずしながら炒める。

3　肉の色が変わったら、にんにく、長ねぎを加えて炒める。香りが出たら、トマトを加えて1分ほど炒め、Aをもう一度混ぜ合わせてから加える。

4　煮立ってきてトマトのカドが少しくずれてきたら、水溶き片栗粉を加え、やさしく混ぜながらとろみがつくまで煮る。

麻婆だれ

6 : 3 : 3 : 3 : 1
みそ 砂糖 しょうゆ 酒 豆板醤

豆乳のコクが辛さを引き立てます
豚しゃぶとにらの麻婆豆乳鍋

煮る

材料（2人分）

豚ロースしゃぶしゃぶ用肉 …… 200〜250g
にら …… 1把（100g）
にんにく（粗みじん切り）…… ½かけ
しょうが（粗みじん切り）…… ½かけ
ごま油 …… 大さじ1
豆板醤 …… 小さじ1
A　みそ …… 大さじ2
　　砂糖 …… 大さじ1
　　しょうゆ …… 大さじ1
　　酒 …… 大さじ1
　　水 …… 1と¼カップ（250㎖）
無調整豆乳 …… 1カップ（200㎖）
すりごま（白）…… 大さじ2

作り方

1　にらは5㎝長さに切る。Aは混ぜ合わせておく。

2　小鍋にごま油、しょうが、にんにく、豆板醤を入れ、中火にかける。香りが出たらAを加え、煮立ったら豚肉を加えて火が通るまで煮て、一度引き上げる。

3　2のアクを取り除き、豆乳を加えて煮立たせないように温め、にらを加えてさっと煮る。2の豚肉を戻し入れ、ひと煮してからすりごまをかける。

中華・エスニックの味つけ

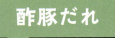

3 : 3 : 2 : 1
黒酢　しょうゆ　砂糖　鶏ガラスープの素

黒酢を使うとよりまろやかでコクがある風味に仕上がります。黒酢がなければ酢で代用してもOKです。片栗粉でとろみをつける際は、一度たれをよく混ぜてから投入し、さらに混ぜながら加熱していくととろりと仕上がります。

たれはよく混ぜながら火を通して
肉だけ黒酢酢豚

焼く

材料（2〜3人分）

豚ロースとんかつ用肉 …… 3枚
A　塩 …… 小さじ¼
　　こしょう …… 少々
　　酒 …… 大さじ1
片栗粉 …… 大さじ3
B　黒酢（または酢）…… 大さじ2
　　しょうゆ …… 大さじ2
　　砂糖 …… 小さじ4
　　鶏ガラスープの素 …… 小さじ2
　　水 …… 大さじ4
　　片栗粉 …… 大さじ½
サラダ油 …… 大さじ2
ごま油 …… 大さじ1

作り方

1　Bは混ぜ合わせておく。

2　豚肉は包丁で浅い切り込みを入れ、2.5〜3cm角に切る。Aをもみ込み、加熱する直前に片栗粉をまんべんなくまぶす。

3　フライパンにサラダ油、ごま油を中火で熱し、2を入れてときどき上下を返しながら3〜4分揚げ焼きにする。油をよくきり、一度取り出す。

4　3のフライパンをさっと拭き、1をもう一度混ぜ合わせてから入れる。中火にかけて混ぜながら煮つめ、とろみが少しついてきたら、3の肉を戻し入れ、さっとからめる。

豪快に肉だけ！
シンプルで激うま♡

これで決まる！

たれに片栗粉が入っているので、フライパンで加熱する前にもう一度混ぜてください。このひと手間でダマにならず、なめらかなたれになります。

中華・エスニックの味つけ

かける

魚はたいでも鮭でもおいしい！
さわらとパプリカの中華風甘酢あんかけ

材料（2人分）

- さわら …… 2切れ
- パプリカ（黄）…… ½個
- えのきたけ …… ½パック(50g)
- 塩、こしょう …… 各適量
- 酒 …… 大さじ1
- 片栗粉 …… 大さじ2
- A
  - 酢（または黒酢）…… 大さじ2
  - しょうゆ …… 大さじ2
  - 砂糖 …… 小さじ4
  - 鶏ガラスープの素 …… 小さじ2
  - 水 …… 大さじ4
  - 片栗粉 …… 大さじ½
- サラダ油 …… 大さじ3
- ごま油 …… 小さじ2

作り方

1. パプリカは縦半分に切ってから横に5mm幅に切る。えのきたけは根元を切り落とし、長さを3等分に切る。Aは混ぜ合わせておく。

2. さわらは水けを拭いて骨を取り、塩、こしょうをして酒をからめる。加熱する直前に片栗粉をまんべんなくまぶす。

3. フライパンにサラダ油を中火で熱し、2を入れて上下を返しながら3〜4分揚げ焼きにする。油をよくきり、器に盛る。

4. 3のフライパンをさっと拭き、ごま油を中火で熱し、1のパプリカ、えのきたけを入れて炒める。しんなりしてきたら、Aをもう一度混ぜ合わせてから加える。混ぜながら煮つめ、とろみがついてきたら火を止め、3のさわらにかける。

酢豚だれ				
	:		: 2 :	
3 黒酢		3 しょうゆ	砂糖	1 鶏ガラスープの素

レンチンだれにからめるだけ

豚こまの揚げ焼き黒酢だれまみれ

漬ける

冷蔵 3日

材料（作りやすい分量）

- 豚こま切れ肉 …… 250g
- 小ねぎ …… 10本
- 塩、こしょう …… 各適量
- 酒 …… 大さじ1
- 片栗粉 …… 大さじ3〜4
- **A**
  - 黒酢(または酢) …… 大さじ2
  - しょうゆ …… 大さじ2
  - 砂糖 …… 小さじ4
  - 鶏ガラスープの素 …… 小さじ2
  - 水 …… 大さじ2
- サラダ油 …… 大さじ2

作り方

1. 小ねぎは斜め3〜4cm長さに切る。耐熱容器に**A**を入れて混ぜ合わせ、ラップをかけずに電子レンジで1分加熱し、小ねぎを加えて混ぜておく。

2. 豚肉は大きければ食べやすい大きさに切り、塩、こしょうをして酒をもみ込み、くしゅっと丸めて片栗粉をまぶす。

3. フライパンにサラダ油を中火で熱し、*2*を入れて上下を返しながら全体がカリッとするまで3〜4分焼く。油をよくきり、火が通ったものから*1*に加えてからめ、5分ほどなじませる。

中華・エスニックの味つけ

黒酢のうまみを堪能して
手羽先の黒酢煮

煮る　冷蔵3日

材料（作りやすい分量）

鶏手羽先 …… 10本
塩、こしょう …… 各適量
しょうが(薄切り) …… 1かけ
A　水 …… 1カップ(200mℓ)
　　黒酢(または酢) …… 大さじ2
　　しょうゆ …… 大さじ2
　　砂糖 …… 小さじ4
　　鶏ガラスープの素 …… 小さじ2
サラダ油 …… 大さじ1

作り方

1　手羽先は水けを拭き、表裏に1本ずつ切り込みを入れ、軽く塩、こしょうをふる。Aは混ぜ合わせておく。

2　フライパンにサラダ油を中火で熱し、1の皮目から入れ、全体に焼き色がつくまで3〜4分焼く。

3　余分な脂を拭き取り、A、しょうがを加えて混ぜる。煮立ったら落としぶたをしてふたをずらしてのせ、途中上下を返しながら弱火で18〜20分煮る。

酢豚だれ
3 : 3 : 2 : 1
黒酢 しょうゆ 砂糖 鶏ガラスープの素

しょうゆ味に飽きたらぜひ！
中華風味つけ卵

漬ける

冷蔵3日

材料（作りやすい分量）

卵 …… 5〜6個
A 黒酢（または酢）…… 大さじ2
　 しょうゆ …… 大さじ2
　 砂糖 …… 小さじ4
　 鶏ガラスープの素 …… 小さじ2
　 水 …… 大さじ2

作り方

1 冷蔵庫から出したての卵をフライパンに入れ、水1カップ（200ml）を注ぐ。沸騰したら中火でふたをして6分蒸し煮にする。途中フライパンをゆするとよい。

2 火を止めて5分おき、すぐに冷水につけて殻をむく。

3 ジッパー付き保存袋にAを入れて混ぜ、2を加えて袋の口を閉じ、冷蔵庫で半日以上漬ける。

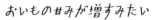

おいもの甘みが増すみたい
さつまいもの甘酢炒め

炒める

材料（2人分）

さつまいも …… 小1本（180〜200g）
A 酢（または黒酢）…… 大さじ½
　 しょうゆ …… 大さじ½
　 砂糖 …… 小さじ1
　 鶏ガラスープの素 …… 小さじ½
サラダ油 …… 大さじ1

作り方

1 さつまいもはよく洗い、皮ごと7〜8mm厚さの輪切りにしてから、1cm幅のスティック状に切る。水に3分さらして水けをきる。Aは混ぜ合わせておく。

2 フライパンにサラダ油を中火で熱し、1を入れて3〜4分炒める。全体に軽く焼き色がついてきたら、水大さじ2（分量外）を加え、ふたをして弱めの中火で2分ほど蒸し焼きにする。

3 ふたを取り、2にAを加え、中火で汁けをとばしながら全体にさっと炒め合わせる。

167

中華・エスニックの味つけ

中華風ピリ辛だれ

12 : 12 : 8 : 8 : 1
しょうゆ　酢　砂糖　ごま油　ラー油

このたれは油との相性がとてもいいので、揚げたお肉やお魚にからめるのがおすすめです。淡白な白身魚や鶏ささみ、鶏むね肉などの食べごたえがアップします。もちろんお刺身などとさっとあえてサラダにしてもおいしいです。

たれにジュワっとからめて
ささみのスティックから揚げ ピリ辛だれまみれ

漬ける　冷蔵2〜3日

材料 (2〜3人分)

鶏ささみ(筋なし) …… 6本(300g)
塩、こしょう …… 各適量
酒 …… 大さじ1
片栗粉 …… 大さじ4
A　しょうゆ …… 大さじ2
　　酢 …… 大さじ2
　　砂糖 …… 小さじ4
　　ごま油 …… 小さじ4
　　ラー油 …… 小さじ1/2
　　いりごま(白) …… 大さじ1/2
　　小ねぎ(小口切り) …… 4本
サラダ油 …… 大さじ4

作り方

1　Aは混ぜ合わせておく。

2　鶏ささみは1本を斜め3等分のスティック状に切る。軽く塩、こしょうをして酒をもみ込み、全体に片栗粉をまぶす。

3　フライパンにサラダ油を中火で熱し、2を1切れずつ入れ、3〜4分揚げ焼きにし、油をよくきる。揚がったものから1に加えてからめ、5分ほどなじませる。

ささみもこの食べ方なら
メインおかずに昇格♪

これで決まる！

ささみは斜め3等分のスティック状に切ります。こうすると食べごたえが増してメインおかず向きに。火の通りも早くなるのでパサつきません。

169

中華・エスニックの味つけ

鮭はカリッと揚げ焼きにするのがコツ！
鮭の油淋鶏風

材料（作りやすい分量）

生鮭 …… 3切れ
塩、こしょう …… 各適量
酒 …… 大さじ1
片栗粉 …… 大さじ2〜3
A　しょうゆ …… 大さじ2
　　酢 …… 大さじ2
　　砂糖 …… 小さじ4
　　ごま油 …… 小さじ4
　　ラー油 …… 小さじ½
　　水 …… 大さじ2
　　長ねぎ（粗みじん切り）…… ½本
サラダ油 …… 大さじ4

作り方

1. Aは混ぜ合わせておく。
2. 鮭は水けを拭いて骨を取り、1切れを3〜4等分に切る。塩、こしょうをふって酒をなじませ、全体に片栗粉をまぶす。
3. フライパンにサラダ油を中火で熱し、2を入れて上下を返しながら3〜4分揚げ焼きにし、油をよくきる。器に盛り、1をかける。

かける

中華風ピリ辛だれ

しょうゆ : 酢 : 砂糖 : ごま油 : ラー油
12 : 12 : 8 : 8 : 1

定番にしたくなるおつまみサラダ
たいとかいわれ菜の中華風ピリ辛サラダ

あえる

材料（2人分）

たい（刺身用） …… 1さく（180〜200g）
かいわれ菜 …… ¼パック
A しょうゆ …… 大さじ1
　　酢 …… 大さじ1
　　砂糖 …… 小さじ2
　　ごま油 …… 小さじ2
　　ラー油 …… 小さじ¼

作り方

1　Aは混ぜ合わせておく。

2　たいは食べやすい厚さのそぎ切りにする。かいわれ菜は根元を切り落とし、長さを4等分に切る。

3　1に2を加えてあえる。

このたれを食べるために作りたい！
サラダチキンとアボカドの中華風ピリ辛あえ

あえる

材料（2人分）

サラダチキン（市販） …… 100g
アボカド …… 1個
A しょうゆ …… 大さじ1
　　酢 …… 大さじ1
　　砂糖 …… 小さじ2
　　ごま油 …… 小さじ2
　　ラー油 …… 小さじ¼

作り方

1　Aは混ぜ合わせておく。

2　サラダチキンは2cm角に切る。アボカドは種と皮を取り、2cm角に切る。

3　1に2を加えてあえる。

中華・エスニックの味つけ

中華風ごま酢だれ

6 : 6 : 3 : 3 : 2
すりごま　ごま油　しょうゆ　酢　砂糖

ごまの風味と酢のさわやかさが堪能できる中華風ごま酢だれです。ポイントはすりごま、ごま油を先に合わせ、ごまをスプーンですりつぶすようにして混ぜること。練りごまをいっさい使わなくても濃厚で上品なたれが完成します。

肉だねは控えめにのせて包むのがコツ！
ゆでワンタンの中華風ごま酢だれがけ

かける

材料（20〜22個分）

ワンタンの皮 …… 20〜22枚
豚ひき肉 …… 150g
長ねぎ …… 10cm
A
　しょうが（すりおろし）…… 1かけ
　しょうゆ …… 小さじ1
　塩 …… 小さじ¼
　片栗粉 …… 小さじ2
B
　すりごま（白）…… 大さじ2
　ごま油 …… 大さじ2
　しょうゆ …… 大さじ1
　酢 …… 大さじ1
　砂糖 …… 小さじ2
　にんにく（すりおろし・チューブ）
　　…… 小さじ½

作り方

1　ボウルに**B**のすりごま、ごま油を先に合わせ、ごまをスプーンですりつぶすように混ぜてから、残りの調味料を加えて混ぜる。

2　長ねぎは粗みじん切りにする。ボウルにひき肉、**A**を入れて練り混ぜてから最後に長ねぎを加えて混ぜる。

3　ワンタンの皮の中心に2を約小さじ1ずつのせ、頂点を少しずらしながら半分に折り、両端を内側に折り込んですき間なく包む。皮の上から手で軽く押さえてなじませる。

4　鍋にたっぷりの湯（分量外）を沸かし、3を1個ずつ順に入れて2分ほどゆでる。浮いてきたら玉じゃくしなどですくい、湯をよくきる。

5　器に4を盛り、ワンタンが熱いうちに1をかける。

極上のたれと
ツルンとした食感に夢中♡

これで決まる！

ワンタンの皮に肉だねをのせたら、頂点を少しずらしながら半分に折り、両端を内側に折り込んですき間なく包みます。あとは皮の上から手で軽く押さえてください。ゆでても形がくずれにくく、食べやすくなります。

中華・エスニックの味つけ

レンチンして蒸らすことで驚くほどしっとり！
よだれ鶏の中華風ごま酢だれがけ

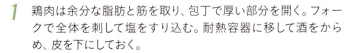

材料（2人分）

鶏もも肉 …… 1枚（300g）
塩 …… 小さじ¼
酒 …… 大さじ3
A　すりごま（白）…… 大さじ2
　　ごま油 …… 大さじ2
　　しょうゆ …… 大さじ1
　　酢 …… 大さじ1
　　砂糖 …… 小さじ2
小ねぎ（3cm長さに切る）…… 1〜2本

作り方

1 鶏肉は余分な脂肪と筋を取り、包丁で厚い部分を開く。フォークで全体を刺して塩をすり込む。耐熱容器に移して酒をからめ、皮を下にしておく。

2 ふんわりとラップをかけ、電子レンジで4分加熱する。取り出して上下を返し、同様に2分加熱し、そのまま3分ほど蒸らす。

3 ボウルにAのすりごま、ごま油を先に合わせ、ごまをスプーンですりつぶすように混ぜてから、残りの調味料を加えて混ぜる。

4 2を食べやすい大きさに切り分けて器に盛り、3、お好みでラー油をかけて小ねぎをちらす。

中華風ごまだれ

すりごま : ごま油 : しょうゆ : 酢 : 砂糖
6 : 6 : 3 : 3 : 2

たこの代わりに白身のお刺身でも◎
たこの中華風ごまよごし

あえる

材料（2人分）

ゆでたこの足（刺身用） …… 130g
ザーサイ（味付き） …… 20g

A すりごま（白）…… 大さじ1
　ごま油 …… 大さじ1
　しょうゆ …… 大さじ½
　酢 …… 大さじ½
　砂糖 …… 小さじ1

作り方

1. たこは食べやすい厚さのひと口大に切る。ザーサイは粗みじん切りにする。

2. ボウルにAのすりごま、ごま油を先に合わせ、ごまをスプーンですりつぶすように混ぜてから、残りの調味料を加えて混ぜる。

3. 2に1を加えてあえる。

にんじん1本 ペロッと食べられちゃう!
にんじんの中華風ごま酢だれあえ

レンチン

材料（2人分）

にんじん …… 1本
A すりごま（白）…… 大さじ1
　ごま油 …… 大さじ1
　しょうゆ …… 大さじ½
　酢 …… 大さじ½
　砂糖 …… 小さじ1

作り方

1. にんじんはピーラーで細めの帯状に削る。耐熱容器に入れて水大さじ1（分量外）をふり、ふんわりとラップをかけて電子レンジで1分30秒〜2分加熱する。

2. ボウルにAのすりごま、ごま油を先に合わせ、ごまをスプーンですりつぶすように混ぜてから、残りの調味料を加えて混ぜる。

3. 1の水けをきり、2に加えてあえる。

175

中華・エスニックの味つけ

鶏ガラマヨだれ

2 : 2 : 1

酒　　マヨネーズ　　鶏ガラスープの素

手軽に中華風塩味が食べたいときは、鶏肉と野菜のうまみが凝縮された鶏ガラスープの素とマヨネーズを組み合わせたたれがイチ押し！ あっさりしていながらも深いコクが十分楽しめるので、から揚げや炒めものにぴったりです。

粉はダブル使いでしっとりサクサク！
かじきの中華風塩から揚げ

`漬ける`

材料（2〜3人分）

かじき …… 3切れ
しょうが（すりおろし）…… ½かけ
A｜鶏ガラスープの素 …… 小さじ2
　｜酒 …… 小さじ4
　｜マヨネーズ …… 小さじ4
B｜片栗粉 …… 大さじ2
　｜薄力粉 …… 大さじ1
サラダ油 …… 適量

作り方

1. かじきは水けを拭いてフォークで全体を刺し、1切れを3〜4等分に切る。ポリ袋に入れ、しょうが、Aを加えて20回もみ込み、5分おく。

2. Bの粉を合わせ、加熱する直前に1のかじきにまんべんなくまぶす。

3. フライパンにサラダ油を深さ2cmほど注ぐ。中火で熱し、2を入れて上下を返しながら3〜4分揚げ、油をよくきる。お好みでししとうがらしに竹串で数か所刺し、1〜2分素揚げして油をよくきって添える。

何個でも食べたくなっちゃう♡

これで決まる！
かじきはフォークで全体を刺してから3等分に切り分けます。こうすると短時間でかじきの中まで味がしみ込みやすくなります。

中華・エスニックの味つけ

これで決まる！

鶏むね肉に合わせ調味料を加えたら袋の上から20回もみ込み、5分おきます。こうすれば短時間で味がしみ込み、加熱してもパサつかず、ふんわりやわらか！

後がけの粉チーズと黒こしょうでおいしさ爆上がり！

鶏むねの中華風塩から揚げ

漬ける

材料（3人分）

- 鶏むね肉 …… 大1枚(350g)
- しょうが(すりおろし) …… ½かけ
- にんにく(すりおろし) …… ½かけ
- A
  - 鶏ガラスープの素 …… 大さじ1
  - 酒 …… 大さじ2
  - マヨネーズ …… 大さじ2
- B
  - 片栗粉 …… 大さじ2
  - 薄力粉 …… 大さじ1
- サラダ油 …… 適量
- 粉チーズ …… 大さじ1強
- 粗びき黒こしょう …… 適量

作り方

1. 鶏肉は縦半分に切ってからフォークで全体を刺し、1cm幅のそぎ切りにする。ポリ袋に入れ、しょうが、にんにく、Aを加えて20回もみ込み、5分おく。

2. Bの粉を合わせ、加熱する直前に1の鶏肉にまんべんなくまぶす。

3. フライパンにサラダ油を深さ2cmほど注ぐ。中火で熱し、2を入れて全体で3〜4分揚げ、油をよくきる。器に盛り、粉チーズ、粗びき黒こしょうをかける。

鶏ガラマヨだれ

2 : 2 : 1
酒　マヨネーズ　鶏ガラスープの素

少しとろっとしたトマトが絶妙!

豚こまとトマトの鶏ガラマヨ炒め

炒める

材料 (2〜3人分)

豚こま切れ肉 …… 200g
トマト …… 2個
A　塩、こしょう …… 各少々
　　酒 …… 大さじ1
　　片栗粉 …… 小さじ2
B　鶏ガラスープの素 …… 小さじ1
　　酒 …… 小さじ2
　　マヨネーズ …… 小さじ2
ごま油 …… 大さじ1

作り方

1. 豚肉はAを順にもみ込む。トマトは大きめの乱切りにする。Bは混ぜ合わせておく。
2. フライパンにごま油を中火で熱し、1の豚肉を広げ入れ、全体に焼き色がついて火が通るまで3〜4分焼く。
3. 2にトマトを加えて炒め、トマトのカドが少しくずれてきたら、Bを加えさっと炒め合わせる。

手軽なのに町中華の味に負けない!

魚介とアスパラの鶏ガラマヨ炒め

炒める

材料 (2〜3人分)

冷凍シーフードミックス(いか・えび) …… 180〜200g
アスパラガス …… 4本
A　鶏ガラスープの素 …… 小さじ1
　　酒 …… 小さじ2
　　マヨネーズ …… 小さじ2
　　にんにく(すりおろし) …… 1/2かけ
ごま油 …… 大さじ1

作り方

1. シーフードミックスは解凍し、水けを拭く。アスパラガスは根元のかたい皮をピーラーでむき、斜め5cm長さに切る。Aは混ぜ合わせておく。
2. フライパンにごま油を中火で熱し、1のシーフードミックスを入れて2分ほど炒める。
3. 魚介の色が変わり、少し焼き色がついたら、アスパラガスを加えて1〜2分炒め、Aを加えて全体にからめながらさっと炒め合わせる。

中華・エスニックの味つけ

韓国風うま辛だれ

しょうゆ	ごま油	砂糖	酢	コチュジャン
2	2	1	1	1

この割合を知っていると料理の幅がグンと広がります。甘みと辛味も感じられる複雑なハーモニーで、いつもとはひと味違った食卓に。とくにおすすめなのはお刺身との組み合わせ。しょうゆだけとはまったく違う味わいが引き出せます。

お値打ちまぐろがふり塩でねっとり！
まぐろのユッケ丼

`漬ける`

材料（2人分）

- まぐろ（刺身用）……1さく（200g）
- 青じそ（せん切り）……3〜4枚
- A
  - 砂糖……大さじ1
  - しょうゆ……大さじ2
  - 酢……大さじ1
  - コチュジャン……大さじ1
  - ごま油……大さじ2
  - にんにく（すりおろし・チューブ）……小さじ½
- 卵黄……2個分
- 温かいごはん……400g
- いりごま（白）……大さじ½

作り方

1. まぐろは塩小さじ1/4（分量外）をふって10分おき、洗って水けを拭く。
2. バットなどにAを入れて混ぜておく。
3. 1を食べやすい厚さに切り、2に加えて落としラップをして5分おく。
4. 器にごはんをよそい、青じそを敷いて3のたれを適量かける。器の中央をあけて3のまぐろをのせる。あいたスペースに卵黄をのせ、いりごまをかける。

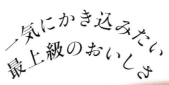

一気にかき込みたい
最上級のおいしさ

これで決まる！

まぐろはたれとからめたら、5分ほどおきます。このとき、落としラップをすると短時間でまんべんなく味がしみ込み、もっちりした舌触りになります。

中華・エスニックの味つけ

韓国風うま辛だれ

しょうゆ : ごま油 : 砂糖 : 酢 : コチュジャン
2 : 2 : 1 : 1 : 1

うまみにおぼれそう!
いか刺しのチャンジャ風

あえる

材料（2人分）

いか（刺身用）……150g
いかの塩辛（市販）……40g
A｜砂糖……大さじ1
　｜しょうゆ……大さじ2
　｜酢……大さじ1
　｜コチュジャン（チューブ）……大さじ1
　｜ごま油……大さじ2
　｜にんにく（すりおろし・チューブ）……小さじ½

作り方

1. いかは食べやすい厚さの薄切りにする。

2. ボウルにAを入れて混ぜ合わせ、1、いかの塩辛を加えてあえる。

ビールにぴったり
豆腐のザーサイうま辛だれがけ

かける

材料（2人分）

木綿豆腐……2パック（200g）
ザーサイ（味付き）……20g
A｜砂糖……小さじ1
　｜しょうゆ……小さじ2
　｜酢……小さじ1
　｜コチュジャン（チューブ）……小さじ1
　｜ごま油……小さじ2

作り方

1. ザーサイは粗みじん切りにする。ボウルに入れてAと混ぜ合わせる。

2. 器に水けをきった豆腐を盛り、1をかける。

とってもオツなおつまみ
クリームチーズと小ねぎのうま辛あえ

あえる

材料（2人分）

クリームチーズ（個包装タイプ）……4個
小ねぎ（小口切り）……3～4本
A｜砂糖……小さじ½
　｜しょうゆ……小さじ1
　｜酢……小さじ½
　｜コチュジャン（チューブ）……小さじ½
　｜ごま油……小さじ1
　｜にんにく（すりおろし・チューブ）……小さじ½

作り方

1. クリームチーズは4等分に切る。小ねぎは1.5cm幅に切る。

2. ボウルにAを入れて混ぜ合わせ、1を加えてあえる。

中華・エスニックの味つけ

> エスニックだれ

1 : 1

ナンプラー　：　オイスターソース

ナンプラーはカタクチイワシなどを塩漬けにして発酵熟成させた魚醤。これに万能調味料であるオイスターソースを同量で合わせれば、最強エスニックだれの完成です。炒めものにもスープにも本当にいろいろな料理に使えます。

炒める

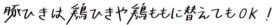
豚ひきは鶏ひきや鶏ももに替えてもOK！

豚ひきとピーマンのガパオライス

材料（2人分）

豚ひき肉 …… 250g
玉ねぎ …… ½個
ピーマン …… 2〜3個
しょうが（粗みじん切り）…… ½かけ
にんにく（粗みじん切り）…… ½かけ
卵 …… 2個
温かいごはん …… 丼2杯分
塩、こしょう …… 各適量
ごま油 …… 大さじ1
サラダ油 …… 大さじ2
A｜ナンプラー …… 大さじ1と½
　｜オイスターソース …… 大さじ1と½

作り方

1. 玉ねぎ、ピーマンは1.5cm角に切る。Aは混ぜ合わせておく。

2. フライパンにごま油を中火で熱し、しょうが、にんにくを入れ、炒める。香りが出てきたら、ひき肉を加え、塩、こしょうをして炒める。肉の色が変わったら、1の玉ねぎ、ピーマンを加え、2分ほど炒める。

3. 玉ねぎが透き通ってきたら、余分な脂を拭き取り、Aを加えて汁けをとばしながら炒め合わせる。

4. 器にごはんをよそい、3をのせる。

5. 2のフライパンをさっと拭く。サラダ油を加えて強めの中火で熱し、卵を割り入れ、まわりがカリカリになるまで焼いて目玉焼きを作る。4にのせ、お好みでバジルの葉を飾る。

覚えやすい配合で味がすんなり決まる！

これで決まる！

フライパンに余分な脂や水分が残ったままだとたれがからみにくく、脂っぽい仕上がりになるので、加える前にキッチンペーパーで必ず拭き取ってください。

中華・エスニックの味つけ

カシューナッツがアクセント!
鶏ももとなすのエスニック炒め

炒める

材料 (2人分)

鶏もも肉 …… 大1/2枚 (175g)
なす …… 2個
カシューナッツ (無塩・素焼き)
　…… 30g
にんにく (すりおろし) …… 1/2かけ
塩、こしょう …… 各適量
ごま油 …… 大さじ1
A │ ナンプラー …… 大さじ1
　│ オイスターソース …… 大さじ1

作り方

1. 鶏肉は余分な脂肪と筋を取り、2cm角に切る。なすも2cm角に切る。Aは混ぜ合わせておく。

2. フライパンにごま油を中火で熱し、1の鶏肉を入れ、塩、こしょうをして炒める。肉の色が変わったら、にんにく、なすを加えて2〜3分炒める。

3. 2にカシューナッツを加えてさっと炒め、Aを加えて火を強めて全体にからめながら炒め合わせる。器に盛り、お好みで青じそを手でちぎってちらす。

レモンがさわやかに香る♪
チキンと長ねぎのエスニックスープ

煮る

ナンプラーだれ
ナンプラー : オイスターソース
1 : 1

材料（2人分）
- サラダチキン（市販）…… 50g
- 長ねぎ …… 1/2本
- レモン（いちょう切り）…… 2〜3枚分
- しょうが（せん切り）…… 1/2かけ
- A ナンプラー …… 大さじ1
  - オイスターソース …… 大さじ1
  - 水 …… 1と3/4カップ（350mℓ）
- 塩、こしょう …… 各少々

作り方
1. サラダチキンは手で細かめにほぐす。長ねぎは斜め薄切りにする。
2. 鍋にAを入れて混ぜ、中火にかける。煮立ったら1の長ねぎを加えて1分ほど煮て、サラダチキンを加えてさっと煮る。
3. 仕上げにレモン、しょうがを加え、塩、こしょうで味をととのえる。

めんに少し焼き色をつけるのがコツ！
豚肉ともやしのタイ風焼きそば

炒める

材料（2人分）
- 中華蒸しめん …… 2玉
- 豚バラ薄切り肉 …… 120g
- もやし …… 1/2袋（125g）
- にんにく（すりおろし）…… 1/2かけ
- 塩、こしょう …… 各適量
- ごま油 …… 大さじ1
- A ナンプラー …… 大さじ1と1/2
  - オイスターソース …… 大さじ1と1/2

作り方
1. 豚肉は5cm幅に切る。もやしはひげ根を取る。Aは混ぜ合わせておく。
2. フライパンにごま油を中火で熱し、1の豚肉を入れ、塩、こしょうをして炒める。肉の色が変わったら、にんにく、もやしを加え、1分ほど炒めて一度取り出す。
3. 2のフライパンに中華蒸しめんを入れ、水大さじ1〜2（分量外）を加えてほぐしながら炒める。少しめんに焼き色がついてきたら、Aを加えて全体にからめるように炒め、2の具材も戻し入れて1分ほど炒め合わせる。器に盛り、お好みで香菜をのせる。

食材別さくいん

【肉・肉加工品】

● 合いびき肉
ひき肉とじゃがいものカレー炒め煮 …………… 129

● ウインナー
マヨしょうゆ焼きうどん ………………………… 45
大豆とウインナーのケチャップ炒め …………… 91
卵とウインナーのキムチオイスター炒め ……… 144

● 牛切り落とし肉
牛肉とささがきごぼうのさっと煮 ……………… 21
シンプル・焼き肉じゃが ………………………… 26
牛肉ときのこのしぐれ煮 ………………………… 31
牛肉と玉ねぎのポン酢炒め ……………………… 84
牛肉とブロッコリーの粒マスタードじょうゆ炒め … 117
牛肉とアスパラのオイスター炒め ……………… 140
牛肉と玉ねぎ、にらのプルコギ ………………… 150

● コンビーフ
コンビーフオムレツケチャップソース ………… 91
コンビーフのクリチーディップ ………………… 136

● サラダチキン
サラダチキンのプルコギトースト ……………… 153
サラダチキンとアボカドの中華風ピリ辛あえ … 171
チキンと長ねぎのエスニックスープ …………… 187

● スライスハム
照り玉丼 …………………………………………… 40
大人のマカロニサラダ …………………………… 113

● スライスベーコン
かぶとベーコンのバタポン蒸し ………………… 81
冷凍ポテトとベーコンのグラタン ……………… 100
食べるカレーミルクスープ ……………………… 130

● 鶏ささみ
ささみとアスパラのみそマヨ炒め ……………… 63
ささみのスティックから揚げピリ辛だれまみれ … 168

● 鶏手羽先
手羽先のコクうましょうゆ漬け焼き …………… 46
手羽先の黒酢煮 …………………………………… 166

● 鶏手羽中
手羽中と長ねぎの梅入り甘辛煮 ………………… 41
手羽中のバタポン焼き …………………………… 79
手羽中のケチャップ煮 …………………………… 90
手羽中のガーリックコンソメ焼き ……………… 124

● 鶏手羽元
手羽元とうずら卵のカレーじょうゆ煮 ………… 50
手羽元の粒マスタードじょうゆ漬け焼き ……… 116

● 鶏ひき肉
鶏ひきとじゃがいもの塩バター煮 ……………… 102

● 鶏むね肉
鶏むねと長ねぎの南蛮漬け ……………………… 56
鶏むねのマヨポンごま照り焼き ………………… 72
鶏むねとまいたけのケチャマヨ炒め …………… 92
鶏むねのソテー粒マスタードマヨソース ……… 110
塩麹サラダチキン ………………………………… 120
鶏むねのオイマヨだれまみれレタス添え ……… 146
鶏むねの中華風塩から揚げ ……………………… 178

● 鶏もも肉
鶏ももと長ねぎのバターじょうゆ炒め ………… 22
とろとろ親子丼 …………………………………… 30
おうち焼き鳥 ……………………………………… 36
鶏肉のマヨしょうゆから揚げ …………………… 42
鶏肉と玉ねぎのカレーうどん …………………… 52
鶏ももとなすの甘辛みそ炒め …………………… 66
鶏もものポン酢煮 ………………………………… 82
チキンとかぼちゃのグラタン …………………… 98
チキンソテーきのこみそクリームソース ……… 101
よだれ鶏の中華風ごま酢だれがけ ……………… 174
鶏ももとなすのエスニック炒め ………………… 186

● 生ハム
生ハムとマッシュルームのバタポンパスタ …… 78
たいと生ハムのカルパッチョ …………………… 106

● 豚肩ロースかたまり肉
塩麹ローストポーク ……………………………… 118

● 豚切り落とし肉
豚肉とキャベツの塩バター炒め ………………… 104
豚肉とオクラのカレーソース炒め ……………… 128

● 豚こま切れ肉
豚こまとピーマンのマヨしょうゆ炒め ………… 44
豚こまと長いものコクうましょうゆ炒め ……… 48
豚こまとパプリカの甘酢炒め …………………… 57
豚こまとキャベツのみそしょうが炒め ………… 68
豚こまと赤パプリカのチンジャオロース ……… 142
麻婆なす丼 ………………………………………… 158
豚こまの揚げ焼き黒酢だれまみれ ……………… 165
豚こまとトマトの鶏ガラマヨ炒め ……………… 179

● 豚バラ薄切り肉
豚バラと厚揚げ、玉ねぎで肉豆腐 ……………… 28
豚バラと大根の甘辛煮 …………………………… 39
豚バラとなすのガーリックバタポン炒め ……… 76
豚バラとピーマンのカレーバター炒め ………… 132
豚肉ともやしのタイ風焼きそば ………………… 187

● 豚ひき肉
ビッグ照り焼きつくね …………………………… 34
豚ひきのカラフルビビンバ ……………………… 152
麻婆トマト ………………………………………… 160
ゆでワンタンの中華風ごま酢だれがけ ………… 172
豚ひきとピーマンのガパオライス ……………… 184

● 豚ロースしゃぶしゃぶ用肉
豚のやわらかしょうが焼き ……………………… 18
ブロッコリーの照り焼き肉巻き ………………… 38
豚しゃぶともやしのおかずナムル ……………… 154
豚しゃぶとにらの麻婆豆乳鍋 …………………… 161

● 豚ロースとんかつ用肉
ポークステーキ和風ガーリックソース ………… 20
豚肉のみそマヨ漬け焼き ………………………… 60
厚切り肉でポークチャップ ……………………… 88
肉だけ黒酢酢豚 …………………………………… 162

● ブロックベーコン
ベーコンときのこの炊き込みごはん …………… 24
長いもとベーコンのコンソメじょうゆ炒め …… 125

● 焼き豚
ねぎたっぷり油そば ……………………………… 145

【魚介・魚介加工品・海藻類】

● 青のり粉
長いもの青のり塩バター炒め …………………… 105
おかかのり玉 ……………………………………… 138

● 甘塩たらこ
たらもディップ …………………………………… 136

● アンチョビ
レンジなすのカルパッチョ ……………………… 108
パプリカアンチョビソース ……………………… 135
なすのタプナード風ディップ …………………… 136

● いか（刺身用）
お刺身マヨポンサラダ …………………………… 75
いか刺しのチャンジャ風 ………………………… 183

● いかの塩辛
いかの塩辛のバーニャカウダソース …………… 135
いか刺しのチャンジャ風 ………………………… 182

● 板昆布
天つゆ ……………………………………………… 86
つけつゆ …………………………………………… 86
かけつゆ …………………………………………… 86
かつおと昆布のだし汁 …………………………… 86

● えび
えびとブロッコリーのマヨポン炒め …………… 70
えびのケチャップマヨあえ ……………………… 94
えびときのこのマカロニグラタン ……………… 96
えびと卵の粒マスタードマヨ炒め ……………… 112
えびとスナップえんどうのピリ辛オイマヨ炒め … 148

● かき
かきとチンゲン菜のオイスター炒め …………… 143

● かじき
かじきとミニトマトの照り焼き炒め …………… 37
かじきのステーキプレート粒マスタードじょうゆソース
……………………………………………………… 114
かじきの中華風塩から揚げ ……………………… 176

● かつお節
オクラのだし漬け ………………………………… 25
マヨしょうゆ焼きうどん ………………………… 45
天つゆ ……………………………………………… 86
つけつゆ …………………………………………… 86
かけつゆ …………………………………………… 86
かつおと昆布のだし汁 …………………………… 86
おかかのり玉 ……………………………………… 138

● カットわかめ
ツナとコーンの和風春雨サラダ ………………… 58

● かに風味かまぼこ
大根とかにかまのオイマヨサラダ ……………… 149

● かれい
かれいの煮つけ …………………………………… 29

● 刻みのり
ねぎたっぷり油そば ……………………………… 145

● サーモン（刺身用）
サーモンとアボカドのマヨポン丼 ……………… 74
サーモンのレモンカルパッチョ ………………… 108

● 鮭
鮭の超しっとり漬け焼き……23
鮭とトマトの南蛮漬け……54
鮭のみそマヨ焼き……62
鮭と長いものバタポンソテー……80
鮭の粒マスタードマヨがらめ……113
鮭の油淋鶏風……170

● さば水煮缶
さば缶と小松菜の甘辛煮……32

● さわら
さわらとパプリカの中華風甘酢あんかけ……164

● 塩昆布
アボカド塩昆布ディップ……136

● 塩さば
塩さばと長ねぎのカレーじょうゆ炒め……53

● スモークサーモン
サーモンとアスパラのクリームパスタ……100
サーモンヨーグルトディップ……137

● たい（刺身用）
たいと生ハムのカルパッチョ……106
たいとかいわれ菜の中華風ピリ辛サラダ……171

● たこ（刺用）
たこじゃがいものバジルマリネ……109
たこの中華風ごまよごし……175

● たら
たらと豆苗のポン酢蒸し……85

● ちくわ
ピーマンとちくわのきんぴら……33

● ちりめんじゃこ
なすとじゃこのきんぴら……33
カリカリ甘辛じゃこ……138

● ツナ油漬け缶
ツナとコーンの和風春雨サラダ……58
生小松菜とツナのマヨポンサラダ……75
なすとツナのポン酢あえ……85
ツナと玉ねぎの炊き込みごはん……125
ズッキーニのカレーソース炒め……129
ツナマヨカレーディップ……137

● ぶり
ぶりのしょうゆ漬け焼き……49
ぶりとしめじのピリ辛マヨポン炒め……73

● ほたて（刺身用）
お刺身マヨポンサラダ……75
ほたてとミニトマトのタルタル……121

● まぐろ（刺身用）
お刺身マヨポンサラダ……75
まぐろのユッケ丼……180

● 焼きのり
とろとろ親子丼……30
サーモンとアボカドのマヨポン丼……74
春菊のうま塩ナムル……157

● 冷凍シーフードミックス
ケチャップライスのシーフードドリア……99
シーフードミックスの炒めカレーピラフ……126
魚介とアスパラの鶏ガラマヨ炒め……179

【野菜・野菜加工品・いも類・漬けもの・ハーブ類】

● 青じそ
青じそ入り焼きみそおにぎり……69
生ハムとマッシュルームのバタポンパスタ……78
青じそ中華だれ……134
まぐろのユッケ丼……180

● アスパラガス
ささみとアスパラのみそマヨ炒め……63
サーモンとアスパラのクリームパスタ……100
緑野菜のホットサラダ……105
牛肉とアスパラのオイスター炒め……140
魚介とアスパラの鶏ガラマヨ炒め……179

● 梅干し
手羽中と長ねぎの梅入り甘辛煮……41

● オクラ
オクラのだし漬け……25
ミニトマトとオクラの甘酢あえ……59
豚肉とオクラのカレーソース炒め……128

● かいわれ菜
お刺身マヨポンサラダ……75
たいとかいわれ菜の中華風ピリ辛サラダ……171

● かぶ
かぶとベーコンのバタポン蒸し……81

● かぼちゃ
野菜の揚げびたし……58
チキンとかぼちゃのグラタン……98

● カリフラワー
カリフラワーのカレーバター煮……133

● キャベツ
豚のやわらかしょうが焼き……18
マヨしょうゆ焼きうどん……45
キャベツの甘酢あえ……59
豚こまとキャベツのみそしょうが炒め……68
豚肉とキャベツの塩バター炒め……104
食べるカレーミルクスープ……130

● コーン缶
ツナとコーンの和風春雨サラダ……58
大豆とウインナーのケチャップ炒め……91
ツナと玉ねぎの炊き込みごはん……125
ブロッコリーとコーンのオイマヨサラダ……149

● 小ねぎ
焼き玉ねぎのしょうゆ漬け……49
サーモンとアボカドのマヨポン丼……74
鶏もものポン酢煮……82
しいたけのコンソメじょうゆパスタ……122
ザーサイねぎだれ……135
ねぎたっぷり油そば……145
サラダチキンのプルコギトースト……153
豚しゃぶともやしのおかずナムル……154
豚こまの揚げ焼き黒酢だれまみれ……165
ささみのスティックから揚げピリ辛だれまみれ……168
よだれ鶏の中華風ごま酢だれがけ……174
クリームチーズと小ねぎのうま辛あえ……183

● ごぼう
牛肉とささがきごぼうのさっと煮……21

● 小松菜
ポークステーキ和風ガーリックソース……20
さば缶と小松菜の甘辛煮……32
生小松菜とツナのマヨポンサラダ……75
豚ひきのカラフルビビンバ……152

● ザーサイ
ザーサイねぎだれ……135
たこの中華風ごまよごし……175
豆腐のザーサイうま辛だれがけ……182

● さつまいも
さつまいもの甘酢炒め……167

● サラダ菜
お刺身マヨポンサラダ……75

● じゃがいも
シンプル・焼き肉じゃが……26
鶏ひきとじゃがいもの塩バター煮……102
たこじゃがいものバジルマリネ……109
ひき肉とじゃがいものカレー炒め煮……129
たらもディップ……136

● 春菊
春菊のうま塩ナムル……156

● しょうが（チューブも含む）
豚のやわらかしょうが焼き……18
かれいの煮つけ……29
牛肉ときのこのしぐれ煮……31
さば缶と小松菜の甘辛煮……32
ビッグ照り焼きつくね……34
豚バラと大根の甘辛煮……39
鶏肉のマヨしょうゆから揚げ……42
豚こまと長いものコクうましょうゆ炒め……48
手羽元とうずら卵のカレーじょうゆ煮……50
鶏肉と玉ねぎのカレーうどん……52
野菜の揚げびたし……58
豚こまとキャベツのみそしょうが炒め……68
たらと豆苗のポン酢蒸し……85
しょうがうま塩オイルだれ……135
豚こまと赤パプリカのチンジャオロース……142
厚揚げとしいたけのオイスター煮……145
ねぎたっぷり油そば……145
豚ひきのカラフルビビンバ……152
麻婆なす丼……158
豚しゃぶとにらの麻婆豆乳鍋……161
手羽先の黒酢煮……166
ゆでワンタンの中華風ごま酢だれがけ……172
かじきの中華風塩から揚げ……176
鶏むねの中華風塩から揚げ……178
豚ひきとピーマンのガパオライス……184
チキンと長ねぎのエスニックスープ……187

● ズッキーニ
塩麹ローストポーク……118
ズッキーニのカレーソース炒め……129

● スナップえんどう
緑野菜のホットサラダ……105
えびとスナップえんどうのピリ辛オイマヨ炒め……148

● 大根
豚バラと大根の甘辛煮……39
おろしレモンだれ……134
大根とかにかまのオイマヨサラダ……149

189

● 玉ねぎ・紫玉ねぎ
豚のやわらかしょうが焼き ……………………… 18
豚バラと厚揚げ、玉ねぎで肉豆腐 …………… 28
とろとろ親子丼 ………………………………… 30
焼き玉ねぎのしょうゆ漬け …………………… 49
鶏肉と玉ねぎのカレーうどん ………………… 52
豚こまとパプリカの甘酢炒め ………………… 57
牛肉と玉ねぎのポン酢炒め …………………… 84
厚切り肉でポークチャップ …………………… 88
えびときのこのマカロニグラタン …………… 96
チキンとかぼちゃのグラタン ………………… 98
ケチャップライスのシーフードドリア ……… 99
鶏ひきとじゃがいもの塩バター煮 …………… 102
サーモンのレモンカルパッチョ ……………… 108
大人のマカロニサラダ ………………………… 113
ツナと玉ねぎの炊き込みごはん ……………… 125
シーフードミックスの炒めカレーピラフ …… 126
ひき肉とじゃがいものカレー炒め煮 ………… 129
食べるカレーミルクスープ …………………… 130
タルタルソース ………………………………… 135
ツナマヨカレーディップ ……………………… 137
食べるラー油 …………………………………… 138
牛肉と玉ねぎ、にらのプルコギ ……………… 150
豚ひきとピーマンのガパオライス …………… 184

● チンゲン菜
厚揚げとチンゲン菜の煮びたし ……………… 25
かきとチンゲン菜のオイスター炒め ………… 143

● 豆苗
たらと豆苗のポン酢蒸し ……………………… 85

● トマト
鮭とトマトの南蛮漬け ………………………… 54
トマトとアボカドのチーズマリネ …………… 109
トマトみそだれ ………………………………… 134
麻婆トマト ……………………………………… 160
豚こまとトマトの鶏ガラマヨ炒め …………… 179

● トマトケチャップ
デミ風ソース …………………………………… 134

● ドライバジル
たことじゃがいものバジルマリネ …………… 109

● ドライパセリ
ツナマヨカレーディップ ……………………… 137

● 長いも
豚こまと長いものコクうましょうゆ炒め …… 48
鮭と長いもののバタポンソテー ……………… 80
長いもの青のり塩バター炒め ………………… 105
長いもとベーコンのコンソメじょうゆ炒め … 125

● 長ねぎ
鶏ももと長ねぎのバターじょうゆ炒め ……… 22
かれいの煮つけ ………………………………… 29
手羽中と長ねぎの梅入り甘辛煮 ……………… 41
塩さばと長ねぎのカレーじょうゆ炒め ……… 53
鶏むねと長ねぎの南蛮漬け …………………… 56
厚揚げのみそマヨねぎ焼き …………………… 64
ぶりとしめじのピリ辛マヨポン炒め ………… 73
万能ねぎだれ …………………………………… 134
ねぎみそ ………………………………………… 138
麻婆トマト ……………………………………… 160
鮭の油淋鶏風 …………………………………… 170
ゆでワンタンの中華風ごま酢だれがけ ……… 172
チキンと長ねぎのエスニックスープ ………… 187

● なす
なすとじゃこのきんぴら ……………………… 33
野菜の揚げびたし ……………………………… 58
鶏ももとなすの甘辛みそ炒め ………………… 66
豚バラとなすのガーリックバタポン炒め …… 76
なすとツナのポン酢あえ ……………………… 85
レンジなすのカルパッチョ …………………… 108
なすのタプナード風ディップ ………………… 136
麻婆なす丼 ……………………………………… 158
鶏ももとなすのエスニック炒め ……………… 186

● にら
豚こまとキャベツのみそしょうが炒め ……… 68
牛肉と玉ねぎ、にらのプルコギ ……………… 150
豚しゃぶとにらの麻婆豆乳鍋 ………………… 161

● にんじん
食べるカレーミルクスープ …………………… 130
豚ひきのカラフルビビンバ …………………… 152
にんじんの中華風ごま酢だれあえ …………… 175

● にんにく（チューブも含む）
ポークステーキ和風ガーリックソース ……… 20
手羽先のコクうましょうゆ漬け焼き ………… 46
手羽元とうずら卵のカレーじょうゆ煮 ……… 50
サーモンとアボカドのマヨポン丼 …………… 74
豚バラとなすのガーリックバタポン炒め …… 76
厚切り肉でポークチャップ …………………… 88
手羽中のケチャップ煮 ………………………… 90
鶏むねとまいたけのケチャマヨ炒め ………… 92
ゆで卵とブロッコリーのケチャマヨサラダ … 95
サーモンとアスパラのクリームパスタ ……… 100
鶏ひきとじゃがいもの塩バター煮 …………… 102
豚肉とキャベツの塩バター炒め ……………… 104
たいと生ハムのカルパッチョ ………………… 106
サーモンのレモンカルパッチョ ……………… 108
レンジなすのカルパッチョ …………………… 108
たことじゃがいものバジルマリネ …………… 109
鮭の粒マスタードマヨがらめ ………………… 113
かじきのステーキプレート粒マスタードじょうゆソース
　…………………………………………………… 114
塩麹ローストポーク …………………………… 118
ほたてとミニトマトのタルタル ……………… 121
しいたけのコンソメじょうゆパスタ ………… 122
手羽中のガーリックコンソメ焼き …………… 124
豚肉とオクラのカレーソース炒め …………… 128
ガーリックオイルソース ……………………… 135
パプリカアンチョビソース …………………… 135
いかの塩辛のバーニャカウダソース ………… 135
なすのタプナード風ディップ ………………… 136
サーモンヨーグルトディップ ………………… 137
刻みきのこのディップ ………………………… 137
ひよこ豆のディップ …………………………… 137
食べるラー油 …………………………………… 138
牛肉とアスパラのオイスター炒め …………… 140
かきとチンゲン菜のオイスターソース炒め … 143
ねぎたっぷり油そば …………………………… 145
鶏むねのオイマヨだれまみれレタス添え …… 146
えびとスナップえんどうのピリ辛オイマヨ炒め … 148
牛肉と玉ねぎ、にらのプルコギ ……………… 150
豚ひきのカラフルビビンバ …………………… 152
サラダチキンのプルコギトースト …………… 153
豚しゃぶともやしのおかずナムル …………… 154
ピーマンとパプリカのうま塩ナムル ………… 156
焼ききのこのうま塩ピリ辛ナムル …………… 156
麻婆なす丼 ……………………………………… 158
麻婆トマト ……………………………………… 160
豚しゃぶとにらの麻婆豆乳鍋 ………………… 161
ゆでワンタンの中華風ごま酢だれがけ ……… 172
鶏むねの中華風塩から揚げ …………………… 178
魚介とアスパラの鶏ガラマヨ炒め …………… 179
まぐろのユッケ丼 ……………………………… 180
いか刺しのチャンジャ風 ……………………… 182
クリームチーズと小ねぎのうま辛あえ ……… 182
豚ひきとピーマンのガパオライス …………… 184
鶏ももとなすのエスニック炒め ……………… 186
豚肉ともやしのタイ風焼きそば ……………… 187

● 白菜キムチ
卵とウインナーのキムチオイスター炒め …… 144

● パプリカ
豚こまとパプリカの甘酢炒め ………………… 57
塩麹ローストポーク …………………………… 118
シーフードミックスの炒めカレーピラフ …… 126
パプリカアンチョビソース …………………… 135
豚こまと赤パプリカのチンジャオロースー … 142
ピーマンとパプリカのうま塩ナムル ………… 156
さわらとパプリカの中華風甘酢あんかけ …… 164

● ピーマン
ピーマンとちくわのきんぴら ………………… 33
豚こまとピーマンのマヨしょうゆ炒め ……… 44
野菜の揚げびたし ……………………………… 58
豚バラとピーマンのカレーバター炒め ……… 132
ピーマンとパプリカのうま塩ナムル ………… 156
豚ひきとピーマンのガパオライス …………… 184

● ブラックオリーブ
ほたてとミニトマトのタルタル ……………… 121
なすのタプナード風ディップ ………………… 136

● フリルレタス
えびのケチャマヨあえ ………………………… 94

● ブロッコリー
ブロッコリーの照り焼き肉巻き ……………… 38
ブロッコリーのみそマヨあえ ………………… 65
えびとブロッコリーのマヨポン炒め ………… 70
ゆで卵とブロッコリーのケチャマヨサラダ … 95
緑野菜のホットサラダ ………………………… 105
牛肉とブロッコリーの粒マスタードじょうゆ炒め … 117
ブロッコリーとコーンのオイマヨサラダ …… 149

● ブロッコリースプラウト
かじきのステーキプレート粒マスタードじょうゆソース
　…………………………………………………… 114

● ベビーリーフ
たいと生ハムのカルパッチョ ………………… 106

● ミニトマト
豚のやわらかしょうが焼き …………………… 18
かじきとミニトマトの照り焼き炒め ………… 37
ミニトマトとオクラの甘酢あえ ……………… 59
ほたてとミニトマトのタルタル ……………… 121

● もやし
もやしの無限カレーバター炒め ……………… 133
豚しゃぶともやしのおかずナムル …………… 154
豚肉ともやしのタイ風焼きそば ……………… 187

● リーフレタス
お刺身マヨポンサラダ ………………………… 75

● 冷凍ポテト
冷凍ポテトとベーコンのグラタン …………… 100

● レタス
鶏むねのオイマヨだれまみれレタス添え …… 146

● れんこん
れんこんのケチャマヨあえ …………………… 95

【きのこ類】

● えのきたけ
- 牛肉ときのこのしぐれ煮 …………… 31
- ビッグ照り焼きつくね …………… 34
- 刻みきのこのディップ …………… 137
- 焼ききのこのうま塩ピリ辛ナムル …………… 156
- さわらとパプリカの中華風甘酢あんかけ …………… 164

● エリンギ
- ベーコンときのこの炊き込みごはん …………… 24
- ミックスきのこのみそマヨあえ …………… 65
- チキンソテーきのこみそクリームソース …………… 101
- 焼ききのこのうま塩ピリ辛ナムル …………… 156

● しいたけ
- 牛肉ときのこのしぐれ煮 …………… 31
- ミックスきのこのみそマヨあえ …………… 65
- しいたけのコンソメじょうゆパスタ …………… 122
- 刻みきのこのディップ …………… 137
- 厚揚げとしいたけのオイスター煮 …………… 145
- 焼ききのこのうま塩ピリ辛ナムル …………… 156

● しめじ
- ベーコンときのこの炊き込みごはん …………… 24
- ミックスきのこのみそマヨあえ …………… 65
- ぶりとしめじのピリ辛マヨポン炒め …………… 73
- えびときのこのマカロニグラタン …………… 96
- 卵とウインナーのキムチオイスター炒め …………… 144

● まいたけ
- 鶏むねとまいたけのケチャマヨ炒め …………… 92

● マッシュルーム
- 生ハムとマッシュルームのバタポンパスタ …………… 78
- 厚切り肉でポークチャップ …………… 88
- えびときのこのマカロニグラタン …………… 96
- 刻みきのこのディップ …………… 137

【果物・果物加工品】

● アボカド
- サーモンとアボカドのマヨポン丼 …………… 74
- トマトとアボカドのチーズマリネ …………… 109
- アボカド塩昆布ディップ …………… 136
- サラダチキンとアボカドの中華風ピリ辛あえ …………… 171

● レモン・レモン汁
- サーモンのレモンカルパッチョ …………… 108
- 塩麹ローストポーク …………… 118
- おろしレモンだれ …………… 134
- サーモンヨーグルトディップ …………… 137
- チキンと長ねぎのエスニックスープ …………… 187

【卵・うずら卵・豆腐・豆製品】

● 厚揚げ
- 厚揚げとチンゲン菜の煮びたし …………… 25
- 豚バラと厚揚げ、玉ねぎで肉豆腐 …………… 28
- 厚揚げのみそマヨねぎ焼き …………… 64
- 厚揚げとしいたけのオイスター煮 …………… 145

● 油揚げ
- 鶏肉と玉ねぎのカレーうどん …………… 52

● うずら卵
- 手羽元とうずら卵のカレーじょうゆ煮 …………… 50

● 温泉卵
- 豚ひきのカラフルビビンバ …………… 152

● 大豆水煮
- 大豆とウインナーのケチャップ炒め …………… 91

● 卵
- とろとろ親子丼 …………… 30
- ビッグ照り焼きつくね …………… 34
- 照り玉丼 …………… 40
- ゆで卵のマヨしょうゆ漬け …………… 45
- コンビーフオムレツケチャップソース …………… 91
- ゆで卵とブロッコリーのケチャマヨサラダ …………… 95
- えびと卵の粒マスタードマヨ炒め …………… 112
- タルタルソース …………… 135
- おかかのり玉 …………… 138
- 卵とウインナーのキムチオイスター炒め …………… 144
- ねぎたっぷり油そば …………… 145
- 中華風味つけ卵 …………… 167
- まぐろのユッケ丼 …………… 180
- 豚ひきとピーマンのガパオライス …………… 184

● 豆乳
- 豚しゃぶとにらの麻婆豆乳鍋 …………… 161

● 豆腐
- ブロッコリーのみそマヨ白あえ …………… 65
- 豆腐の塩麹オイル漬け …………… 121
- 豆腐のザーサイうま辛だれがけ …………… 182

● ひよこ豆水煮
- ひよこ豆のディップ …………… 137

【乳製品】

● 牛乳
- 手羽元とうずら卵のカレーじょうゆ煮 …………… 50
- 厚切り肉でポークチャップ …………… 88
- コンビーフオムレツケチャップソース …………… 91
- 大豆とウインナーのケチャップ炒め …………… 91
- えびときのこのマカロニグラタン …………… 96
- チキンとかぼちゃのグラタン …………… 98
- ケチャップライスのシーフードドリア …………… 99
- サーモンとアスパラのクリームパスタ …………… 100
- 冷凍ポテトとベーコンのグラタン …………… 100
- チキンソテーきのこみそクリームソース …………… 101
- 食べるカレーミルクスープ …………… 130
- チーズソース …………… 134
- いかの塩辛のバーニャカウダソース …………… 135
- たらもディップ …………… 136

● ギリシャヨーグルト
- サーモンヨーグルトディップ …………… 137

● クリームチーズ
- コンビーフのクリチーディップ …………… 136
- クリームチーズと小ねぎのうま辛あえ …………… 182

● 粉チーズ
- 生小松菜とツナのマヨポンサラダ …………… 75
- 牛肉とブロッコリーの粒マスタードじょうゆ炒め …………… 117
- ツナマヨカレーディップ …………… 137
- 刻みきのこのディップ …………… 137
- 鶏むねの中華風塩から揚げ …………… 178

● 溶けるチーズ
- 厚揚げのみそマヨねぎ焼き …………… 64
- コンビーフオムレツケチャップソース …………… 91
- えびときのこのマカロニグラタン …………… 96
- チキンとかぼちゃのグラタン …………… 98
- ケチャップライスのシーフードドリア …………… 99
- 冷凍ポテトとベーコンのグラタン …………… 100
- チーズソース …………… 134
- サラダチキンのプルコギトースト …………… 153

● モッツァレラチーズ
- トマトとアボカドのチーズマリネ …………… 109

【炭水化物】

● 食パン
- サラダチキンのプルコギトースト …………… 153

● スパゲッティ
- 生ハムとマッシュルームのバタポンパスタ …………… 78
- サーモンとアスパラのクリームパスタ …………… 100
- しいたけのコンソメじょうゆパスタ …………… 122

● 中華蒸しめん
- ねぎたっぷり油そば …………… 145
- 豚肉ともやしのタイ風焼きそば …………… 187

● 白米
- ベーコンときのこの炊き込みごはん …………… 24
- とろとろ親子丼 …………… 30
- 照り玉丼 …………… 40
- 青じそ入り焼きみそおにぎり …………… 69
- サーモンとアボカドのマヨポン丼 …………… 74
- ケチャップライスのシーフードドリア …………… 99
- かじきのステーキプレート粒マスタードじょうゆソース …………… 114
- ツナと玉ねぎの炊き込みごはん …………… 125
- シーフードミックスの炒めカレーピラフ …………… 126
- 豚ひきのカラフルビビンバ …………… 152
- 麻婆なす丼 …………… 158
- まぐろのユッケ丼 …………… 180
- 豚ひきとピーマンのガパオライス …………… 184

● 春雨
- ツナとコーンの和風春雨サラダ …………… 58

● マカロニ
- えびときのこのマカロニグラタン …………… 96
- 大人のマカロニサラダ …………… 113

● 冷凍うどん
- マヨしょうゆ焼きうどん …………… 45
- 豚肉と玉ねぎのカレーうどん …………… 52

● ワンタンの皮
- ゆでワンタンの中華風ごま酢だれがけ …………… 172

【その他】

● カシューナッツ
- 鶏ももとなすのエスニック炒め …………… 186

● ミックスナッツ
- 食べるラー油 …………… 138

Profile

著者
倉橋利江（くらはし としえ）

Toshie Kurahashi
📷 pecotama1028

レシピ作家・フードエディター

料理上手な母の影響で、小学生の頃から台所に立って料理を覚える。料理本編集者として出版社に勤務し、編集長として料理ムックの発行を多数手がけ、さらに大手出版社にて料理雑誌の編集に携わったのちフリー編集者に。独立後、これまでに100冊近くの料理書籍やムックを担当し、数々のヒット商品を送り出す。20年以上の編集経験から、料理家と読者の間をつなぐ存在でありたいと思い、仕事で学んだプロのコツと独自のアイデアを組み合わせた「手に入りやすい食材で、作りやすく、恋しくなるレシピ」を考案している。著書に料理レシピ本大賞【料理部門】第6回入賞の『作りおき＆帰って10分おかず336』、第8回入賞の『野菜はスープとみそ汁でとればいい』ほか、『ずっと使える！ぜんぶおいしい！万能な副菜』『今すぐ作れる！ずっと使える！万能おかず』『やせる！作りおき＆帰って10分おかず330』『作りおき＆朝7分お弁当312』『野菜の作りおき＆帰って10分おかず332』『冷凍でおいしくなる！かんたん作りおきPremium』（いずれも新星出版社）、『あるもので！10分！で500品決定版！』（Gakken）などがある。

Staff

アートディレクション・デザイン
小椋由佳

撮影
松久幸太郎

スタイリング
宮澤由香

撮影調理協力
伊藤美枝子

調理アシスタント
岩本英子　深谷いづみ

DTP
宇田川由美子

校正
高柳涼子

企画・構成・編集
宮下舞子

構成・編集・文
倉橋利江

本書の内容に関するお問い合わせは、**書名、発行年月日、該当ページを明記**の上、書面、FAX、お問い合わせフォームにて、当社編集部宛にお送りください。**電話によるお問い合わせはお受けしておりません。**
また、本書の範囲を超えるご質問等にもお答えできませんので、あらかじめご了承ください。
　FAX：03-3831-0902
　お問い合わせフォーム：https://www.shin-sei.co.jp/np/contact.html

落丁・乱丁のあった場合は、送料当社負担でお取替えいたします。当社営業部宛にお送りください。
本書の複写、複製を希望される場合は、そのつど事前に、出版者著作権管理機構（電話：03-5244-5088、FAX：03-5244-5089、e-mail：info@jcopy.or.jp）の許諾を得てください。
JCOPY ＜出版者著作権管理機構 委託出版物＞

黄金比で作る！万能な味つけ

2025年3月25日　初版発行

著　者　倉　橋　利　江
発行者　富　永　靖　弘
印刷所　株式会社新藤慶昌堂

発行所　東京都台東区台東2丁目24　株式会社 新星出版社
〒110-0016　☎03(3831)0743

Ⓒ Toshie Kurahashi　　　　Printed in Japan

ISBN978-4-405-09464-2